Silke und Tobias Büscher

Mit Kindern in
Köln

Inhaltsverzeichnis

Zeichenerklärung

 im Grünen

 actionreich

 Einkehrmöglichkeit

geeignet für Kinder ab – Jahren

Vorwort: vill Spass

Die Sonne knallt, der Regen prasselt, die Kita ist zu, die Schwiegereltern kommen. Und immer wieder stellt sich die Frage: Wat mache mer hück?

Die Domstadt und das Umland sind für Kinder und Eltern ein Freizeit-Eldorado. Im Schatten so bekannter Highlights wie Dom, Zoo und Schokoladenmuseum finden sich versteckte Ziele wie Finkens Garten mit seinen Streuobstwiesen, ein süßes Café am Piraten-Spielplatz oder das Parkhausdach von Galeria Kaufhof mit dem wunderbaren Blick auf Kölns Zentrum. Loor ens.

Knallt die Augustsonne, bieten sich die Baggerseen an, wo früher noch die Kiesgrubenarbeiter unterwegs waren. Regnet es aus Kübeln, dann nichts wie unter den Schutz der Zoobrücke zum Skaten und Klettern. Und sind die Ferien lang und die Kids brauchen Spaß, wie wäre es mit einem Clown-Kurs inklusive Zelten am Rhein? Oder ein Ausflug zu Burgtürmen, Rehen oder sogar Trollen? Do laachs do dich kapott.

Natürlich haben wir eine Auswahl getroffen. Denn bei so vielen Schwimmbädern und Spielplätzen, Indoor-Angeboten und Freizeitparks

Autorenpaar in knallharter Recherchemission.

wäre das Buch sonst dicker als der letzte Harry Potter-Roman. Und unser Verleger wollte es handlich.

Inspirationen gab es bei der Recherche von allen Seiten. Unsere kleine Tochter Marie hat uns bei Ausflügen sehr schnell klar gemacht, was kesselt und was uncool ist. Wat sull dä Quatsch? Gleichzeitig haben uns Freunde gute Tipps gegeben, die wir gerne mit aufgenommen haben: von der schönen Eisdiele in der Südstadt bis zur Falknerei vor den Toren Kölns. Vielen Dank dafür. Und wenn Sie weitere Ideen haben oder es ein neues Highlight gibt: Wir freuen uns über Post.

Das Sofa übrigens, auf dem wir da sitzen, ist ein Original von *Janosch* und steht in der Märchenburg Wissem bei Troisdorf südlich der Domstadt. Und die ist mit all ihren Büchern, Spielzeugen und Sonderausstellungen so attraktiv, da kann sogar das bestbesuchte Museum Kölns nicht mithalten: das Schokoladenmuseum. Mamas bewundern dort die historischen Bildbände, Papas finden Spielzeug aus der eigenen Kindheit und die Kids wollen vor allem eins: nicht mehr nach Hause. Das Foto von uns hat Alex aufgenommen, der Papa von Phine, der ziemlich besten Freundin unserer Tochter Marie.

In diesem Sinne standesgemäß op Kölsch: vill Spass.

Silke und Tobias Büscher leben seit den 1990er-Jahren in Köln. Sie stammt von Rügen, er aus dem Rheinland. Sie haben sich auf dem Wochenmarkt in Köln-Nippes kennengelernt, als sie sich am Gemüsestand vordrängelte. Ihre Tochter kam ein Jahr später auf die Welt. Beide arbeiten als Journalisten und Buchautoren, haben eine eigene Webseite zu Köln und leiten die Redaktion *www.redaktion-koeln.de*.

Spaß & Erlebnis
im Grünen

Toben, planschen, sonnen und grillen ist angesagt am Badesee Vingst

Karnevalist Willy Ostermann schrieb den Liedtext zu „Heimweh nach Köln" 1936 in seinen letzten Tagen. Ich möcht zu Fuß nach Kölle jonn. Durch Kölle jonn geht auch. Mit Augenklappe zum Piraten-Spielplatz, mit Spaghetti zu den Wildschweinen (streng verboten) und mit dem Gummigeißbock des FC an den Fühlinger Planschsee (sehr erlaubt). Spätestens dann ist Köln wirklich ein Erlebnis.

Tipp:
Weitere Spielplätze finden Sie
auf der Homepage der Stadt
Köln: **stadt-koeln.de/le-
ben-in-koeln/freizeit-na-
tur-sport/spielplaet-
ze-koeln**

Spielplätze in Köln

Vom Abenteuerspielplatz mitten in der City bis zum Waldspielplatz mit Wildschweingehege: Über Köln verstreut liegen rund 700 Spiel- und Bolzplätze. Wir haben elf kultige Adressen zusammengestellt. Also, Wasserflasche, Kekse, Schaufel, Ball einpacken und los geht's!

Piraten-Spielplatz (Riehl)

Tipp:
Gleich gegenüber
gibt's im **Café Lie-
bes Herz** (▶ Seite 103)
bei der Perserin Mahtab
Karimi leckeren Milch-
kaffee, Eis, Kuchen,
Spielzeug und Zeit-
schriften.

Sehr schöner, ruhig gelegener und mit Zäunen gesicherter Spielplatz. Für Kapitäne, Matrosen und Piraten stehen hier zwei Abenteuer-Holzschiffe mit Rutschen und Klettergerüst, dazu Schaukeln, Federwippgerät und eine Tischtennisplatte. Ab 3 Jahren spannend, die kleineren Pänz haben genug Sand zum Buddeln. Wer danach Lust auf den Zoo hat: Zu Fuß sind es rund sechs Minuten bis zum Nordeingang (▶ Seite 22).

Garthestraße (Eingang Garthestraße/Philipp-Wirtgen-Straße) |
KVB Kinderkrankenhaus oder Amsterdamer Straße/Gürtel (16)

Ritter-Spielplatz (Dünnwald)

Bilderbuch-Ritterspielplatz mit hohem Rutschturm, Königsthron, Wippen, Seilen, Drachenschaukel und diversen Klettergeräten, die Kinder ab 4 bis 5 Jahren leicht schaffen. Auch für die Kleineren spannend sind die Spielareale für Bäcker, Schmiede, Müller und Kneipiers. Gleich hinter der ruhig gelegenen „Spielburg" liegen zwei Bolzplätze mit festen Eisentoren. Der Platz ist eingezäunt. Wichtig: Picknick mitnehmen, selbst der nächste Kiosk ist zu weit entfernt.

Am Portzenacker 1a (hinter dem Kinder- und Jugendheim gelegen) |
S-Bahnhof Stammheim (S 6)

Tierpark-Spielplatz (Lindenthal)

Zwischen dem Lindenthaler Tierpark und dem gebührenpflichtigen Parkplatz versteckt sich dieser langgezogene, besonders schattige Spielplatz.

An den diversen Klettergeräten, Rutschen und in den Holzhäuschen spielen Kids jeglichen Alters, wenn sie nicht gerade die Enten im Kanal direkt nebenan füttern oder mit den Eltern auf den Baumbänken Obst essen. Der Spielplatz ist weit genug von der Autostraße entfernt, aber nicht eingezäunt.

Kitschburger Straße |
S-Bahnhof Dürener Straße/Gürtel (7, 13)

Tipp:
Von hier aus lohnt ein Spaziergang durch den frei zugänglichen **Lindenthaler Tierpark** mit seinen Hochlandrindern, Ziegen und Perlhühnern.

Wasser-Spielplatz im Tälchen (Nippes)

Erfrischend kaltes Wasser das Holzlabyrinth herunterpumpen, im Matsch planschen und dann im Vogelnest beim Schaukeln in der Sonne trocknen. Der schönste Spielplatz im Veedel Nippes bietet eine Rutsche schon für die Kleinsten, schattige Bänke und Tische, eine Tischtennisplatte und viel Sand. Der nicht umzäunte Platz grenzt an die große Wiese des Nippeser Tälchens, wo die Größeren Volleyball und Fußball spielen. Und wo so manche Mama zur Tofu-Grillwurst Lichi-Bionade trinkt, als wäre das hier der Prenzlauer Berg. Gleich dahinter gibt es Erfrischungen im familienfreundlichen Biergarten Altenberger Hof (▶ Seite 96).

Louis-Ferdinand-Straße | KVB Florastraße (12, 15)

Fort X Spielplatz (Agnesviertel)

In der preußischen Ziegelanlage von 1825 klettern Pänz, schaukeln, spielen Pingpong und fahren Stand-Lokomotive. Es gibt zwei Spielbereiche, und die hohen Mauern und Bäume halten sogar den Lärm von der Inneren Kanalstraße ab. Wer danach eine Abkühlung braucht: Ganz in der Nähe liegt der Lentpark (▶ Seite 36), im Sommer locken dort die Freibäder, im Winter die Eislaufbahnen. Und das Restaurant ist für alle frei zugänglich.

Neusser Wall | KVB Lohsestraße (12, 15)

Tipp:
Südlich der Wehranlage liegt die Weißenburgstraße mit guten Locations wie dem **Café Elefant.**

Familienpark unter der Zoobrücke (Deutz)

Es regnet? Und drinnen ist es langweilig? Hier ist die Alternative: Denn Wandklettern, Skaten, Trampolin springen, Basketball, Rollhockey, Tennis, all das gibt's an und unter der schützenden Rheinbrücke auf 6 000

Quadratmetern. Viel Spielzeug können Pänz kostenlos nutzen. Nur die Minicars (1 €) und das Ausleihen der Minigolfschläger (2,50/3 €) kosten etwas. Im Kölner Jugendpark ein paar Meter weiter gibt es neben Billard und Tischtennisplatten ein Café mit Toiletten (offen ab 16 Uhr). Und ganz in der Nähe liegt die Claudius Therme mit Bädern und Saunen (▶ Seite 35).

Sachsenberg Straße | KVB Bhf. Deutz/Messe (1, 9)

Rhein-Spielplatz (Deutz)

Im riesengroßen Spielplatz Rheinpark auf der Schäl Sick klettern, buddeln und rutschen die Kinder mit Blick auf den Fluss und fahren mit der Kleinbahn durchs Gelände. Drumherum gibt es genug Platz zum Sonnenbaden und Fußballspielen. Der zentrale Spielplatz hat neben einem kleinen auch zwei anspruchsvolle, hohe Rutschen für Kinder ab 4 Jahren – und genug Sand für die kleineren Kids. Und wenn die Eltern Grill und Picknickkorb dabei haben, geht es danach ans Rheinufer zum Entspannen oder Steinchen-ins-Wasser-Werfen.

Auenweg | KVB Bhf. Deutz/Messe (1, 9)

Wald-Spielplatz Leidenhausen (Eil)

Tipp:
Das **Café des Guts Leidenhausen** öffnet Di–So 12–18 Uhr.

Kölns gigantisch großer Sandkasten liegt mitten im Wald in Flughafennähe, hat gute Klettergeräte, Picknickbänke und Schaukeln. Drumherum stehen Schilder wie „Wildschweine nicht mit Spaghetti füttern" und „Keine Gegenstände auf die Pferderennbahn werfen". Rehe, Hirsche und Eulen leben im nahen Gut Leidenhausen, wo im Keller Bildungsräume über das Naturgebiet aufklären.

Gut Leidenhausen | Bus (152) bis Eil

Bau-Spielplatz Baui (Südstadt)

Der Bau-Spielplatz im Friedenspark liegt in der alten Wehranlage Fort I. Die Kids sägen mit ihren Betreuern Bretter durch, hauen große Nägel ins Holz und bauen sogar Hütten – wenn sie nicht gerade Feuer machen oder im Außenbereich skaten oder Fangen spielen.

Hans-Abraham-Ochs-Weg | www.bau.jugz.de | Mo–Fr 12–18 Uhr | KVB Ubierring (15, 16)

Kletter-
spezialisten im
Rheinpark

Friedenswald-Spielplatz (Rodenkirchen)

Kletterelemente aus rustikalem Eichenholz, Schaukeln und eine riesen-
große Sandfläche mit Baumstämmen zum Balancieren und Buddeln. Allerdings wenig Schatten. Hier toben sich Kids aller Altersklassen aus. Und gehen zumeist danach noch in den angrenzenden Forstbotanischen Garten,
um die berühmten blauen Pfaue anzusehen (▸ Seite 12).

Schillingrotter Straße | Bus (135) bis Schilligrotter Straße

Rathenau-Spielplatz (Belgisches Viertel)

Der Spielplatz am Rathenauplatz ist einer der attraktivsten in der Kölner
Innenstadt. Unter schattigen Bäumen spielen die Kids an Klettergeräten
diverser Schwierigkeitsgrade. Es gibt einen Wasserbereich zum Planschen
und erfrischendes Kölsch für die Eltern und Betreuer im Biergarten nebenan. Toiletten sind also in Reichweite.

Rathenauplatz | KVB Rudolfplatz (1, 7, 12, 15) oder Barbarossaplatz (12, 15, 16, 18)

Parks & Gärten

In den 1920er-Jahren entstand auf Initiative des Kölner Bürgermeisters Konrad Adenauer der Grüngürtel auf den Geländen der bisherigen Festungsanlagen. Vor allem dadurch gibt es viele Parks rund um das Zentrum. Und seit der Bundesgartenschau 1957 hat die Domstadt mit dem Rheinpark ein echtes grünes Highlight mittendrin, vor allem für Kinder und Jugendliche.

Flora & Botanischer Garten (Riehl)

Auf 11,8 Hektar wachsen hier rund 10 000 Pflanzen von der Fetten Henne bis zum Gänse-Fingerhut, von der Blutbuche bis zur Gewöhnlichen Mariendistel. An steinalten Bäumen tummeln sich Eichhörnchen und an den Teichen flüchten die Frösche vor den Fischreihern. Die berühmteste Gartenanlage der Domstadt mit ihrer Belle-Époque-Fontäne vor dem renovierten Hauptgebäude, den Tropenhäusern und Kräuterbeeten ist an sonnigen Wochenenden heillos überlaufen, sonst aber ein Eldorado für Naturliebhaber. Und lässt sich auch mit dem Kinderwagen leicht erkunden. Hunde und Fahrräder sind allerdings tabu.

Alter Stammheimer Weg | KVB Zoo/Flora (18)

Forstbotanischer Garten (Rodenkirchen)

Kölns 25 Hektar großer Forstbotanischer Garten im Kölner Süden ist für Kinder mindestens so spannend wie die Flora. Zwischen US-Mammutbäumen, Fächer-Ahorn, afghanischen Tränen-Kiefern und Japanischen Zierkirschen stolzieren schillernd blaue Pfaue umher, die ursprünglich aus Indien stammen. Besonders beliebt ist das Areal während der Blütezeit von Rhododendron und Azaleen. Nur Hunde und Fahrräder sind nicht erlaubt.

An das Areal grenzt südlich der fast ebenso große Friedenswald mit seinem weitflächigen Spielplatz. Dort stehen Bäume der Länder, zu denen die Bundesrepublik Deutschland in den 1980er-Jahren diplomatische Beziehungen hatte, darunter bis zu 30 Meter hohe Lenga-Südbuchen aus Argentinien.

Tipp:
Forstbotanik-Führungen beginnen jeden ersten Mittwoch um 14.30 Uhr und dritten Samstag um 15 Uhr am zentralen Unterstellpilz.

Zum Forstbotanischen Garten |
KVB Rodenkirchen (16, 17)

Stadtgarten (Friesenviertel)

Die innerstädtische Parkanlage entstand 1827 anstelle der bisherigen Stadtmauer. Sie steht heute unter Denkmalschutz, ist die Grüne Lunge des geschäftigen Friesenviertels und Heimat vieler Halsbandsittiche, die einst in den 1970er-Jahren aus dem Kölner Zoo ausgebüxt sind. Auch die schwarz-weißen Schwanzmeisen leben hier. Die verstreut wachsenden, knorrigen Bäume bieten genug Schatten – und über allem erhebt sich der Colonius-Fernsehturm der Stadt. Mit seinen 266 Metern ist er der höchste in ganz Nordrhein-Westfalen.

Venloer Straße 40 | KVB Friesenplatz (3, 4, 5, 12, 15)

Tipp: In **Finkens Garten** (Rodenkirchen) die Streuobstwiesen und den Kräutergarten besuchen ab 9 Uhr bis Sonnenuntergang: www.finkens-garten.org

Stadtwald (Lindenthal)

Den 205 Hektar großen Stadtwald zwischen Lindenthal und Müngersdorf prägen Weiher, Wasserkanäle, Spazierwege und ein Tierpark, wo die Pänz Ziegen und Enten füttern können. Die riesige Grünfläche rund um den Militärring haben die Stadtplaner schon 1895 angelegt und dann 1920 noch einmal deutlich erweitert. Ganz besonders schön ist ein Rundgang um den Decksteiner Weiher (▶ Seite 47) mit seinen Buchen und Trauerweiden, wo viele Schwäne leben. Tretboote vermietet das *Haus am See*, wo auch eine

Pflücken erlaubt: Himbeeren in Finkens Garten

> Schon seit 1997 ein Hit: Kölns Skulpturenpark

Minigolfanlage steht. Und nur einen Steinwurf entfernt liegt das Trainingsgelände des 1. FC Köln. Dort serviert das *Geißbockheim* Burger, Pasta und Schnitzel, die Servietten selbstredend mit dem Hennes-Motiv bedruckt.

Kitschburger Straße | KVB Klettenbergpark (18)

Volksgarten (Südstadt)

Den 14 Hektar großen Park zwischen Südstadion und Volksgartenstraße haben die *Bläck Fööss* in einem ihrer Schunkellieder mit diesem Refrain verewigt: „Wenn de Mama met de Pänz en der Volkspark jeit, freut sich jroß un klein, wat soll mer och doheim".

Groß ist der Volksgarten, sehr groß die Gastronomie darin. 650 Sitzplätze hat der berühmte *Hellers Volksgarten* (▶ Seite 46). Er liegt am großen Kahnweiher, wo sich Besucher Tretboote ausleihen und am See die Rotwangen-Schmuckschildkröten, Graugänse und Stock-

Tipp:
Der berühmte **Hellers Volksgarten** öffnet von 11.30 Uhr bis Mitternacht, gutes Wetter vorausgesetzt.

enten beobachten. Die Spielplätze, die Orangerie mit ihrer Theatergruppe und die Liegewiesen ziehen Studenten und Kleinfamilien gleichermaßen an. Grillen ist hier ausdrücklich erlaubt. Volksgarten eben.

Im Spätsommer schlägt die zottelige *1. Kölner Hunnen Horde von 1958 e. V.* auf dem Grün eine knappe Woche lang die Zelte auf. Und amüsiert die Besucher mit heidnischen Klängen und der Tanzgruppe *Attila Rex*. An der Südwestecke des Parks sind noch die Reste des *Fort IV* zu sehen, das im 19. Jahrhundert dem Park weichen musste.

Eifelstraße | KVB Eifelstraße (12)

Skulpturenpark (Riehl)

Kölns Skulpturenpark ist 1997 an der Riehler Straße in Nähe der Flora entstanden. Die Idee stammte vom legendären Sammlerehepaar Michael und Eleonore Stoffel. Die hatten zu Lebzeiten über 500 sündhaft teure Kunstwerke in ihrem Kölner Wohnhaus, weshalb ein bewaffneter Wachmann Tag und Nacht die Alarmanlagen kontrollierte.

Tipp:
Es gibt noch einen zweiten, wesentlich größeren **Skulpturenpark** auf der anderen Rheinseite in Stammheim. Mit direktem Zugang zum Fluss und rund um die Uhr geöffnet: *www.schlosspark-stammheim.com*

Auf vier Hektar sind in dem Areal moderne Skulpturen aus aller Welt als Wechselausstellungen unter freiem Himmel zu sehen. Manche stehen auf der großen Wiese, andere hängen in den Bäumen. Das Dach des dazugehörigen Pavillons bewacht ein weißer Helikopter, sozusagen als Dauerskulptur.

Riehler Straße | 10.30–19 Uhr, im Winter bis 17 Uhr | KVB Zoo/Flora (18)

Aachener Weiher & Hiroshima-Nagasaki-Park

Schaukeln, Grillen, Flirten, Sonnenbaden, Boule, Frisbee und Fußball spielen. Der quadratische Aachener Weiher und der angeschlossene, leicht hügelige Hiroshima-Nagasaki-Park mit seinem Mahnmal „Atomwaffen abschaffen" sind Kult. Für Erfrischung sorgen ein Kiosk und ein Biergarten mit Liegestühlen und Hollywood-Schaukeln. Am Weiher gibt es WCs, auch nahe des kleinen Sandspielplatzes. Für Kunstfans: Das Ostasiatische Museum liegt nur einen Steinwurf entfernt. Und von der dortigen Terrasse ist der Blick auf den Weiher besonders schön.

Richard Wagner Straße | KVB Universitätsstraße (1, 7)

Kalscheurer Weiher (Zollstock)

Das Parkareal zwischen dem südlichen Militärring und der A4 ist bei Ausflüglern sehr beliebt. Fernab vom Stadttrubel lässt es sich hier wunderbar spazieren gehen und joggen. Die Wege sind gut mit Kinderwagen zu meistern. Danach noch eine Runde Bötchen fahren oder ein Kölsch trinken am Kiosk am Ufer und die Welt ist in Ordnung. Von Mitte Juni bis Ende August laufen hier regelmäßig Open-Air-Konzerte von Latino bis Jazz.

Die kleine Insel des Kalscheurer Weihers wiederum lieben Kormorane, Fischreiher, Blässhühner, Schwäne und die Tafelenten mit ihrem bräunlichen Kopf. Denn das Eiland ist ein beliebter Rückzugsort zum Brüten.

Vorgebirgsstraße | www.kalscheurer-weiher.de | KVB Zollstock Südfriedhof (12)

Rheinpark (Deutz)

Der 40 000 Quadratmeter große Rheinpark ist das gelebte Gegenbeispiel von Bauspekulation. Auf dem riesigen Gelände, 1957 angelegt für die Bundesgartenschau, trinken die Gäste auf den Rheinterrassen Kaffee mit Domblick. Bei Kilometerstein 689 lädt der *Cologne Beach Club* zum Sonnenbaden und Chillen ein. Kinder fahren mit der Schmalspurbahn bis zur *Claudius Therme*, üben dort unter der Zoobrücke Trampolin springen und schweben mit der Rheinseilbahn über den Fluss. Die etwas älteren testen ihre Schwindelfreiheit im Hochseilgarten *Rope Island* im dazugehörigen Jugendpark. Die Wiesen hier sind sehr gepflegt, flach und bei Fußballern beliebt – und am Rheinufer findet sich immer ein Platz zum Picknicken.

KVB Bhf. Deutz/Messe (1, 9)

Blücherpark (Bilderstöckchen)

Bötchen fahren auf dem See, Abkühlen am Springbrunnen, Chillen im Park. Die 18 Hektar große Fläche zwischen A57, Parkgürtel und Escher Straße ist 1913 für die Arbeiter der nahen Fabriken für Gummi und Stahl entstanden. Ganz im Geist des Namensgebers Generalfeldmarschall Gebhard Leberecht von Blücher (1742–1819) ist die Form militärisch streng: 700 Meter Länge, 200 Meter Breite. Auch der zentrale, etwas tiefer gelegte Weiher (1,4 Hektar) ist rechteckig. Hier dösen Enten und Schwäne in der Sonne. Der Park hat keinen Haupteingang, dafür breite Promenaden, einen angegliederten Spielplatz und ein Sportgelände. Vor allem an Sommerwochenenden stehen hier Klappstühle und Biertische, um die herum die Kids Ball spielen.

Parkgürtel | KVB Nußbaumerstraße (5)

Fast wie gemalt: die Idylle im Blücherpark

Zündorfer Groov (Zündorf)

Einst gab es hier eine winzige Insel in einem Flussarm (Groov). Heute liegt im Kölner Süden eines der schönsten Naherholungsgebiete der Domstadt. Ideal für Spaziergänge. Die Sandstrände, der Jachthafen, das Freibad mit Sauna, die Spielplätze und der Minigolfplatz laden zum Entspannen ein. Die Biergarten-Restaurants mit den Terrassen sind gutbürgerlich-rustikal. Und im Gartencenter Effenberger leben in *Rolfs Streichelzoo* Esel, Gänse, Schildkröten, Papageien und asiatische Minischweine.

Wo noch bis Mitte des 19. Jahrhunderts der Rheinarm war, gibt es heute zwei kleine Seen, auf denen die Besucher Tretboot fahren (▶ Seite 45). Spaß macht der Besuch vor allem den Radfahrern, die vom Dom aus bis Köln-Weiß fahren und dann mit der Fähre den Rhein übersetzen. Gleich neben der Anlegestelle planschen die Kinder am kleinen Sandstrand im Rheinwasser.

KVB Zündorf (7)

Tipp:
Die **Fähre Krokodil** (▶ Seite 80) pendelt von März bis Oktober zwischen Zündorf und Köln-Weiß. Das zweite Schiff, **Krokolino**, kommt zusätzlich am Wochenende zum Einsatz. Und mit der **Frida** sind kleine Touren auf dem Rhein möglich.
www.faehre-koelnkrokodil.de

Tipp:
Die besten Badeseen für eine Ganztagstour ab Köln: **Nievenheimer See** (Dormagen, 25 km nordwestlich), **Zieselsmaar** (Kerpen, 30 km nordöstlich), **Wassersportsee** (Zülpich, 50 km südwestlich), **Aggertalsperre** (Gummersbach, 60 km östlich).

Badeseen & Strandbäder

Im Umkreis von 25 Kilometern bietet die Domstadt einigen Badespaß. Vom Baggersee in Esch, anstelle eines einstigen Rheinarms bis zum Bleibtreusee im ehemaligen Rheinischen Kohleabbaurevier. Die Entfernung haben wir vom Kölner Zoo aus gemessen.

Fühlinger See (Fühlingen, 10 km nördlich)

Ein Top-Ausflugsziel der Domstadt ist dieses gut 100 Hektar große Gebiet zwischen den Ford-Werken und Köln-Seeberg. Während die Pänz im Schwimmbad *Blackfoot Beach* unter Aufsicht planschen, ist drum-

Chillen am Fühlinger See

herum viel Platz am Ufer unter den Trauerweiden. Die Wasserqualität ist gut, nur unmittelbar nach dem Reggae-Festival *Summerjam* Anfang Juli nicht so sehr.

Zur Seenlandschaft über den Rheinarmen gehören eine Regatta-Bahn und ein Hochseilgarten. Und wie singen die *Bläck Fööss* so schön: „Urlaub am Fühlinger See, dat is ene joote Idee, mir lijjen in dr Sonn, un mer schwemmen öm de Wett, un ovends jeiht et heim, dann in et eijene Bett".

Neusser Landstraße B 9 | KVB Wilhelm-Sollmann-Straße (12, 15) oder Bus (122) bis Seeberg

Naturfreibad Vingst (Vingst, 10 km südöstlich)

Der Baggersee des Freibads an der Ausfallstraße Vingster Ring bietet guten Sand, sauberes Wasser, Schwimminseln, Liegestühle, Hängematten (gratis) und Unterhaltung: Darunter ein Abenteuerspielplatz mit Seilbahn (ab 4 Jahren), Bolzplatz, Beachvolleyballplatz und ein Holzschiff mit Rutschen fast direkt am Wasser.

Eis und Würstchen gibt es am Kiosk, auch ein Grillplatz ist frei nutzbar. Die Kleinsten planschen im Nichtschwimmer-Areal. Trotz der nahen Verkehrsstraße für Familien mit Kindern besonders attraktiv.

Vingster Ring | tgl. 10–19 Uhr | 0,50 € für Pänz bis 6, Jugendliche 4 €, Erw. 4,80 € | KVB Vingst (9)

Escher See (Esch, 13 km nordwestlich)

Der Escher See ist ein ehemaliger Baggersee und berühmt für seine besonders gute Wasserqualität. Er hat auch ein Freibad mit sauberem Sand inklusive Beachclub, Beachvolleyball und Strandbar.

Im Sommer 2010 machte der Baggersee Schlagzeilen: Die Polizei zog einen BMW vom Typ M635 aus der Tiefe an die Oberfläche, den Angler zuvor entdeckt hatten. Samt Muschelkolonie auf dem Lenkrad und den Sitzen. Der Wagen soll 17 Jahre auf dem Grund gelegen haben. Wie er dort hinkam, ist bislang unklar.

Am Baggerfeld 4 | www.sundown-beach.de | Freibad: Kinder (2–12 Jahre) 3 €, darunter 0,50 €, Erw. 5 € | Bus (125) bis Esch

Tipp: Strandbars
Kölns Sandkisten am Rhein mit einem Hauch von Karibik-Feeling sind die **Poller Strandbar** (www.poller-strand-bar.de) und der **Cologne Beach Club** (km689.rhein-terrassen.de), letzterer mit genialem Domblick.

Otto-Maigler-See (Hürth, 15 km südwestlich)

Auch dieser über zwei Kilometer lange und 400 Meter breite See entstand im ehemaligen Bergbaugebiet. Er heißt nach einem Grubendirektor in Kölns Nachbarschaft Hürth. Am See lässt sich wunderbar baden. Schönen Sand mit Nichtschwimmerbereich bietet der *Beachclub* inklusive Bademeister, Sportplätzen und Cocktailbar. Der Spielplatz für Kinder ist allerdings etwas klein, das Lockangebot an Eis, Pommes & Co. dafür umso größer. Und er ist vergleichsweise teuer. Sonnenschirme und Liegestühle kosten auch noch extra, der Blick auf die Werbetafeln dagegen ist gratis.

Zieskovener Straße | www.otto-maigler-see.de | Beachclub Mo–Fr ab 10, Sa/So ab 9 Uhr | Kinder ab 2 Jahre 3 €, Erw. 4,50 €, Parken 3 € (auch ohne Beachclubnutzung) | KVB Hürth-Hermülheim (18), weiter mit Bus 714 bis Busbahnhof, dort umsteigen in Bus 711 Richtung Berrenrath, bis Otto-Maigler-See

Heider Bergsee (Brühl, 22 km südwestlich)

Der 35 Hektar große See nahe dem Bleibtreusee ist vor allem bei den Bewohnern von Brühl, Hürth und Erftstadt beliebt. Zum dortigen Campingplatz gehört auch ein Freibad. Der Spielplatz ist gut, in der Seeklause gibt es etwas zu essen.

Radfahrer umkreisen den See gerne, was auch mit Kindern geht, denn die Fahrtstrecke beträgt nur 5,5 Kilometer. Auch Fotografen lieben den See. Hier tauchen neben den eleganten Wildgänsen schon mal winzig kleine und sehr scheue Eisvögel auf.

Heider Bergsee | www.heiderbergsee.de | Freibad i.d.R. 9–19 Uhr | Kinder 1,50 €, Erw. 2,50 € | Bus (990) ab Brühl Mitte bis Heider Bergsee

Bleibtreusee (Brühl, 23,5 km südwestlich)

Der Bleibtreusee im ehemaligen Braunkohlerevier nahe der Stadt Brühl ist 74 Hektar groß, ruhig gelegen und ein Highlight unter den Badeseen rund um Köln. Der schöne Sandstrand neben der Wasserskibahn mit seinen Duschen, Toiletten und Umkleidekabinen ist gratis nutzbar! Für Kleinkinder geeignet ist er, weil ihnen das Wasser erst nach drei bis vier Metern bis zu den Knien steht. Spaß macht auch ein Spaziergang am See mit sei-

Achtung:
Von Köln aus liegen auf halbem Weg rechter Hand die **Kiesgruben Mechernich.** Dort bitte weder Baden noch Angeln. Das Grundwasser ist mit PFT (Perfluorierte Tenside) belastet.

nen Brombeersträuchern. Und so liegt der Bleibtreusee zwar nicht gerade nahe der Domstadt, ist aber dennoch eine echte Attraktion. Nur während der Schulferien ist es hier oft etwas zu voll.

Luxemburger Straße | www.wasserski-bleibtreusee.de | Bus (703/709) bis Brühl-Heide

Rotter See (Troisdorf, 23 km südöstlich)

Ein Strand zum Sonnen und Planschen, am Grillplatz Würstchen aufle- gen, auf den Wiesen Frisbee spielen. Der Rotter See ist kostenlos nutzbar, Schwimmen ist erlaubt und das Wasser am Ufer noch flach. Wegen der vielen Vögel (Kot) ließ die Wasserqualität in den letzten Jahren etwas zu wünschen übrig. Die Blässhühner, Enten und Schwäne haben sich ordent- lich vermehrt, weil der Badegast gern altes Brot an sie verfüttert – und sie sich entsprechend vermehren. Deshalb gibt es jetzt Patrouillen. Wer beim Füttern erwischt wird, zahlt 30 € Strafe. Resultat: Das Wasser ist wieder viel besser!

Uckendorfer Straße | www.rottersee.de | S-Bahnhof Troisdorf (S 12, S 13, S 19)

Neu konstruier- ter Schiffshafen am Bleibtreu- see

Tiere gucken & streicheln

Kreisende Falken über dem Dom, Eichhörnchen in der Flora, Höckerschwäne im Mediapark. Die Wildnis in der Großstadt lebt. Wer Tiere ganz nah erleben möchte, findet sie natürlich am schnellsten im Tierpark, im Wildgehege und vor allem im Kölner Zoo. Dort gibt es inzwischen auch einen nachgebauten Bauernhof. Mit Kühen, Schafen und dem Maskottchen des 1. FC Köln: dem Geißbock Hennes. Sein Stall ist rot-weiß dekoriert.

Kölner Zoo (Riehl)

Viel zu sehen gibt es im drittgrößten Zoo Deutschlands mit seinen über 10 000 Tieren: vom Elefantenpark bis zum Hippodrom mit seinen Flusspferden, vom Aquarium mit seinen Piranhas bis zum Clemenshof mit seinen wuscheligen Moorschnucken. Die Pänz lieben vor allem die Fütterungen. Täglich um 10.45 und 15.30 Uhr sind die Pinguine dran, um 11.30 und 16 Uhr die Seelöwen, um 13.45 Uhr die Erdmännchen, um 14 Uhr die Flusspferde und um 15 Uhr Paviane, Krallenotter und Piranhas.

Auch die Spielplätze und das Restaurant sind klasse. Zoochef Theo Pagel sagt: „Wir sind hier die größte Pommesbude der Domstadt". Einziger

Hab dich lieb: Bützjer für den Tierpfleger

Wermutstropfen: der relativ hohe Eintrittspreis und die Plüschtierstände, an denen die Eltern mit ihren Kids an den Eingängen vorbeilaufen (müssen).

Riehler Straße 173 | www.koelnerzoo.de |

tgl. 9–18 Uhr | Kinder 4–12 Jahre 9 €, Schüler/

Studenten 14,50 €, Erw. 19,50 € |

KVB Haltestelle Zoo/Flora (18)

Tierpark Lindenthal (Lindenthal)

Anders als im Zoo ist der Eintritt im Lindenthaler Tierpark gratis – abgesehen vom Ponyreiten am Wochenende (Sa/So 13–18 Uhr). Und viele der Tiere lassen sich streicheln. An den Futterautomaten gibt's Fressen zum Füttern des Damwilds und der Hausziegen, Skudden-Schafe, Helm-Perlhühner und Mandarinenten. Auch Hausesel, Schottische Hochlandrinder, Pfauen und Puten leben in dem 1908 gegründeten, acht Hektar großen Gelände.

Der *Verein Lindenthaler Tierpark* bietet Patenschaften an. Für 30 € pro Jahr heißt die Hausziege Capra Aegagrus Hircus dann wie das eigene Kind. Urkundlich beglaubigt, versteht sich.

Kitschburger Straße | www.lindenthaler-tierpark.de | tgl. 9–17, im Sommer außer So schon

ab 8 Uhr | KVB-Haltestelle Brahmstraße (7)

Wildpark Dünnwald (Dünnwald)

Viele Wildschweine und Damwild leben in dem rechtsrheinischen, frei zugänglichen Waldgehege auf insgesamt 20 Hektar Fläche hinter Schutzzäunen. Stars unter den Tieren sind ganz klar die Wisente (Europäische Bisons), die schon fast auszusterben schienen.

Tiere streicheln ist hier zwar wegen der Zäune weniger hautnah möglich als in Lindenthal, dafür gibt es aber schöne Spazierwege am Bach, wo Besucher auch mit Hunden an der Leine Gassi gehen dürfen. Und eine einstöckige, überdachte Aussichtskanzel. Auf geschnitzten Bänken, die wie Krokodile und Wölfe aussehen, kann man sich ausruhen. Am Rand des Geländes locken ein Freibad, Minigolf sowie ein Restaurant mit Außenterrasse und Spielplatz.

Dünnwalder Mauspfad 230 | www.wildpark-duennwald.de |

Bus (154) bis Wildpark

Im Wildpark Dünnwald können Kinder mit dem zahmen Damwild auf Tuchfühlung gehen

Wildgehege Brück (Brück)

Rund 200 Rehe, Hirsche, Mufflons, Schweine und Damwild leben hier am Rand des weitläufigen Waldgebiets Königsforst. Im frei zugänglichen Areal gibt es Spazierwege mit Futterautomaten für die Tiere und viele Tische und Bänke fürs Picknicken.

Am Wildwechsel | KVB Brück/Mauspfad (1), von dort aus 10 Min. zu Fuß

Greifvogelschutzstation Leidenhausen (Eil)

Ganz nah am Gut Leidenhausen gibt es neben Gehegen für Rehe und Wildschweine seit 1967 auch eine Greifvogelschutzstation. Tierpfleger Jürgen Kreck und seine Mitarbeiter kümmern sich um kranke und verletzte Schleiereulen, Steinkäuze und Habichte, damit sie später wieder gesund in die Freiheit fliegen. Rund 80 Greifvögel leben aber dauerhaft hier. Vor allem Eulen brauchen Ruhe, daher sind die Besucherzeiten begrenzt. Ganz in der Nähe liegt einer der schönsten Waldspielplätze Kölns (▶ Seite 10).

Gut Leidenhausen | So/Fei 10–18, im Winter 10–17 Uhr | Eintritt frei | Bus (152) bis Eil

Tipp:

„Ob Hund, Katze oder Maus, alle fühlen sich hier wie zu Haus". Wer also mal ohne Haustier unterwegs sein will, bringt seine Haustiere einfach in die **Tierpension Fassbender** (tierpension-fassbender.de).

Pferderennbahn (Weidenpesch)

Galopprennen beobachten, Wetten abschließen, auf den Wiesen vor den alten Tribünen sonnen und relaxen oder zu moderaten Preisen einen Imbiss zu sich nehmen. Die Pferderennbahn ist spannend, aber nicht nur für die Erwachsenen. Kinder dürfen hier schon mal auf dem Rücken zahmer Ponys Platz nehmen wie ganz große Jockeys, schaukeln, auf die Hüpfburg gehen und sich schminken lassen. Wann die Renntage sind, steht auf der Webseite.

Rennbahnstraße 152 | www.koeln-galopp.de | KVB Scheibenstraße (12, 15)

Falken-Flugvorführungen (Erftstadt)

In der Schutzstation der Gymnicher Mühle leben Bussarde, Falken, Kauze und Adler. Täglich außer montags zeigen Pierre Schmidt und seine Mitarbeiter um Punkt 15 Uhr, was seine Weißkopfadler, Sakerfalken und die anderen Schützlinge so alles drauf haben. Die kleinsten Eulen dürfen die Pänz nachher manchmal sogar streicheln.

Falknerei Pierre Schmidt | Gymnicher Mühle 1 | Erftstadt-Gymnich | www.adlerfluesterer.de |
Di–So 14.30–16.30 Uhr | Kinder unter 12 Jahre 3 €, Erw. 5 € | Bus (920) ab Erftstadt (RE 22)
oder Sindorf, Kerpen (S 13) bis Gymnicher Mühle, Erftstadt-Gymnich

Die majestätischen Greifvögel zeigen bei den Vorführungen in Erftstadt ihre Flugkünste

Winter erleben

Köln mag die „nördlichste Stadt Italiens sein", nur alpine Highlights gibt es wahrlich nicht. Die Pänz rodeln bei seltenem Neuschnee trotzdem gern. Bei Matschwetter geht's zum Eislaufen in den Lentpark oder ins Playa Winterland. In der Adventszeit locken die vielen Weihnachtsmärkte.

 ### Schlitten fahren
Beethovenpark (Sülz)

Der Pilzberg hat eine 100 Meter lange und fast so breite Piste. Sie ist relativ steil und entsprechend beliebt.

Neunhöfer Allee/Berrenrather Straße |
KVB Berrenrather Straße/Gürtel (13)

Forstbotanischer Garten (Rodenkirchen)

Am Spielplatz im Forstbotanischen Garten (▶ Seite 12) rodeln auch ganz kleine Pänz. Und auf den weitläufigen Wiesen bremsen weder Bäume noch Sträucher die Schlittenfahrt. Getränke und Snacks einfach mitbringen, es ist kein Büdchen in der Nähe.

Schillingrotter Straße | KVB Siegstraße (16)
bzw. Bus (135) bis Schillingrotter Straße

Jahnwiese (Müngersdorf)

Auf der kurzen, aber breiten Bahn hinter dem FC-Station kommen schon die ganz Kleinen auf ihre Kosten. Hier können alle nebeneinander die flache Bahn runter rodeln.

Am Jahnwiesenweg | KVB Stadion (1)

Poller Wiesen (Poll)

Vom Radweg fällt die Uferböschung sanft ab zu den Poller Wiesen (▶ Seite 75). Platz ist genug und dazu gibt's besten Domblick. Die Rodelbahnen sind kurz und eher etwas für kleine Pänz.

Alfred-Schütte-Allee |
KVB Reiffeisenstraße (7)

Herkulesberg alias Mont Klamott (Neustadt-Nord)

Die schmale Piste ist rund 100 Meter lang. Der Mont Klamott (von Klamotten) ist einer von Kölns Trümmerbergen der im Zweiten Weltkrieg zerstörten Innenstadt. Etwa 25 Meter Höhenunterschied sorgen für Schwung bei der Abfahrt.

Herkulesberg | 50670 Köln |
KVB Hans-Böckler-Platz/Bhf. West (3, 4, 5)

in Köln

Aachener Weiher (Lindenthal)

Auf den kleinen Hügeln rund um den Weiher rodeln die Studenten der nahen Uni mit den Pänz um die Wette. Danach lockt das Schmitz im Museum für Ostasiatische Kunst nebenan mit Quiche, Kuchen und Kaffee.

KVB Universitätsstraße (7) oder Bus (136, 146) bis Wiso-Fakultät

Nippeser Tälchen (Nippes)

Hinter dem Altenberger Hof geht es bergab ins Tälchen. Die Bäume unten stehen weit genug entfernt von der Piste. So können auch Anfänger sicher die Abfahrt wagen. Mama und Papa entspannen so lange im Lokal Altenberger Hof (▶ Seite 96) bei Flammkuchen oder Apfelstrudel.

Mauenheimer Straße |
KVB Florastraße (12, 15)

Eislaufen
Lentpark (Nippes)

Einfach nur in der Eishalle Pirouetten drehen? Klar, aber der Lentpark (▶ Seite 36) bietet zusätzlich noch eine 260 Meter lange und acht Meter breite Eishochbahn. Und die führt neben der Eishalle auch über das dazugehörige Hallenbad.

Lentstraße 30 | www.koelnbaeder.de/eissport/lentpark | KVB Lohsestraße (12, 15) oder Reichensperger Platz (16, 18)

Playa Winterland (Lindenthal)

Mitte November bis Ende Januar verwandelt sich das *Playa* in ein Winterparadies mit Eisstockschießen, einer großen Eislaufbahn, Winterdorf, Eislounge und einer Hütt'n. Draußen gibt's heißen Kakao und drinnen ein heißes Fleisch- oder Käsefondue.

Playa in Cologne GmbH & Co. KG |
Junkersdorfer Straße | www.playa.de |
Bus (143) bis Junkersdorf Eichenstraße

Eislaufbahn Heumarkt (Innenstadt)

Direkt am Weihnachtsmarkt auf dem Heumarkt gibt es jedes Jahr von Ende November bis Anfang Januar auch eine Eislaufbahn mit Schlittschuhverleih und Bahnen zum Eisstockschießen.

Heumarkt | www.weihnachtsmarkt-altstadt.de/eislaufbahn | KVB Heumarkt (1, 5, 7, 9)

Seen & Weiher in Köln

Schlittschuhlaufen oder einfach nur so auf dem Eis toben ist in Köln zwar erlaubt, aber nur auf eigene

Gefahr. Wer auf Nummer sicher gehen will, weicht besser auf die Bahnen im Lentpark (► Seite 36) oder im *Playa Winterland* aus.

 ### Weihnachtsmärkte
Nikolausdorf am Rudolfplatz

Dicht an die Hahnentorburg schmiegen sich rund 60 Buden im Fachwerkstil. Tausende kleiner LED-Lämpchen an den Ständen des Nikolausdorfes und in den Baumkronen tauchen den kleinen Markt am Rudolfplatz in warmes Licht. Highlight für Kids ist das Nikolauszelt. Hier können sie betreut basteln, malen und Post an den Nikolaus schreiben. Direkt daneben befindet sich die Dorfkapelle des St. Nikolaus. Die von Kindern und Jugendlichen gestaltete Krippe dort gehört zu den Stationen des Kölner Krippenweges.

KVB Rudolfplatz (1, 7, 12, 15)

Altstadt (Alter Markt, Heumarkt): Heimat der Heinzel

Überall verstecken sich die berühmten Kölner Heinzelmännchen. Die kleinen Straßen haben Namen wie Schlemmergasse oder Spielzeuggasse. Kinder toben sich in der Eislaufwelt auf dem Heumarkt aus, fahren im historischen Kinderriesenrad von 1920 oder auf dem nostalgischen Pferdekarussell aus dem 19. Jahrhundert. Danach nimmt das Weihnachtspostamt Wunschzettel in Empfang. Versehen mit einer Heinzel-Sondermarke geht der Brief auf die Reise nach Engelskirchen oder Himmelspforten ...

KVB Heumarkt (1, 5, 7, 9), Rathaus (5) oder Dom/Hbf. (5, 16, 18 und S-Bahn & DB)

Weihnachtsmarkt am Kölner Dom

An den rund 150 Ständen auf dem Roncalliplatz gibt es Dom-Spekulatien, handgefertigtes Holzspielzeug und sogar echten Monschauer Senf. Im Zentrum steht NRWs größter Weihnachtsbaum mit rund 25 Metern Höhe. Für Pänz gibt es in der Sternwarte (Nummer 31) direkt neben dem historischen Kinderkarussell montags bis donnerstags von 16 bis 18 Uhr Kinderschminken, Weihnachtsbasteleien und sogar ein Weihnachtstheaterstück.

Dom/Hbf. (5, 16, 18 und S-Bahn & DB)

Markt der Engel auf dem Neumarkt

In den Bäumen glänzen die Sterne, durch die Budengassen ziehen Engel mit Glitzerpuder. Jeden Dienstag um 18 Uhr kommt der Nikolaus hoch zu Ross und verteilt kleine Geschenke an die Pänz. Montags (15 und 17 Uhr) gibt's Kasperle-Theater, mittwochs (14–17 Uhr) Kinderschminken. Wer Glück hat, entdeckt neben Engeln auch ein Einhorn oder die Sternenkönigin auf ihren Stelzen. Und neben dem historischen Pferdekarussell steht die Krippe des Hänneschen-Theaters (▶ Seite 66).

KVB Neumarkt (1, 3, 4, 7, 9, 16, 18)

Hafenweihnachtsmarkt

Direkt am Rhein liegt der Kölner Hafenweihnachtsmarkt mit seinen rund 70 weißen Pagodenzelten. Neben Besuchern treiben sich auch Piraten auf dem Markt herum und unterhalten mit Walking Acts und Jonglage. Für den Freibeuternachwuchs stehen drei Holzboote mit Steuerrad auf dem Markt. Ein Kinderkarussell gibt es auch.

KVB Heumarkt (1, 5, 7, 9) oder Bus (133) bis Schokoladenmuseum

Weihnachtsmarkt im Stadtgarten

Design, Schokolade und feinste Gewürze: Der Weihnachtsmarkt am Rand des Stadtgartens ist ein echtes Shopping-Highlight. Und auf der Weihnachtsbühne gibt's Kindertheater, Puppenspieler, Feuerschlucker und Märchenerzähler.

KVB Friesenplatz (3, 4, 5)

Weihnachtsmarktexpress

Der Weihnachtsmarktexpress fährt die Märkte ab. Los geht's am Dom/Burgmauer (neben Köln-Tourismus) alle 15 Minuten. Die Bimmelbahn tingelt zwischen den Märkten Dom, Alter Markt, Hafenweihnachtsmarkt und Neumarkt.

www.bimmelbahnen.de/index.php/de/weihnachtsmarkt/prospekt

Action mit Kindern

Sich einfach mal hängen lassen: das geht in den Tanz- und Turnvereinen, wie z. B. dem MTV (▶ Seite 51)

Düsseldorf hat die längste Theke der Welt? Uns doch egal. Wir Kölner haben die längste Wasserrutsche ever: 130 Meter und dann rein ins nasse Vergnügen. Unsere Indoor-Spielplätze heißen auch besser: *Tummel Dschungel*, *Pippolino* und supersportlich *Move Artistic Dome*. In Dingsdadorf, da reimen sie „Wald hier" auf „Altbier". Aha. Wir reiten lieber durch den Dünnwald und lernen Ballett im *Tanzquartier*. Und richtig ab geht es ohnehin nicht in der Kneipe sondern mit Skates auf der Lohserampe und im *North Brigade Park*.

Indoorspielplätze

Ob bei Regen oder Kälte: Indoorspielplätze sind attraktiv. Sie bieten mit ihren bunten Bällebädern, Klettergerüsten und Rutschen mehr als jeder Spielplatz der Domstadt. Toben ist Trumpf, der Eintritt allerdings ist nicht immer ganz günstig. Dennoch lohnt der Besuch.

Silly Billy (Lövenich)

Im Angebot sind Trampolin, Rutschturm, Hüpfburgen, Kletterwand, Soccer, Gokarts, Billard und ein separater Raum für Kleinkinder. Das Restaurant bietet unter anderem selbst gemachte Pizza an – sehr lecker. Die Betreiber bieten auch Kindergeburtstagspartys mit Aktion und mit Essen an.

Ottostraße 14 | www.silly-billy.org | tgl. 14–19, in den Ferien 11–19 Uhr |
Kinder bis 1 Jahr frei, unter 2 Jahre 4 €, unter 15 Jahre 8,50 €, Erw. 4,60 € |
S-Bahnhof Lövenich (S 12, S 13, S 19)

Soccer World (Lövenich)

Das Fußball-Indoor-Highlight der Domstadt hat der ehemalige Torwart Horst Wessel von Fortuna Köln gegründet. Früh anmelden lohnt sich, denn nicht alle Kicker mögen Fritz-Walter-Wetter im Freien. Die unterschiedlich großen Fußballplätze sind für Mannschaften à drei bis fünf Spieler gedacht. Beliebt ist hier auch Bubble-Soccer, bei dem ein durchsichtiger Ball den Oberkörper umgibt.

Ottostraße 7 | www.soccerworld.koeln | tgl. 10–24 Uhr | Platzmiete ab 35 € pro Std. |
KVB Junkersdorf (1), weiter mit Bus 144 bis Dieselstraße

Jackelino Safari (Godorf)

Alles eine Nummer größer hier: Klettergerüst XXL, Labyrinthe, Kletterwände, ein Geschicklichkeits-Vulkan, Indoor-Soccer und mehr auf 4 000 Quadratmetern. Bei gutem Wetter lohnt draußen der Wasserspielplatz.

Otto-Hahn-Straße 6-8 | www.jackelino-safari.de | Mo–Fr 14–19, Sa/So 10.30–19 Uhr |
Bus (135) bis Otto-Hahn-Straße

Okidoki (Gremberghoven)

Neben Spielgeräten wie Go-Kart-Bahn im Spielturm, Softball-Schuss- und Trampolinanlage hat das Okidoki auch Räume für Geburtstagsfeiern. Für die etwas Größeren sind neben Tischtennisplatten und Billard die Airhockeys attraktiv.

Hansestraße 74–76 | www.okidoki-koeln.de | Mo–Fr 14–19, Sa/So 10–19 Uhr |

KVB Welserstraße (13) oder Bus (151)

Tummel Dschungle (Bergisch Gladbach)

Schmuddelwetter oder klirrende Kälte: Hier kommen Pänz zwischen einem und 15 Jahren voll auf ihre Kosten. Sonntags gibt's von 14 bis 16 Uhr Kinderschminken und Oma und Opa haben jeden Mittwoch freien Eintritt. Und wer eine gute Klassenarbeit vorlegt, bekommt bis zu 100 Prozent Rabatt auf den nächsten Eintritt wochentags.

Rathenaustraße 9 | 51427 Bergisch Gladbach (Bensberg) | www.tummel-dschungel.de |

Mo–Do 14–19, Fr 14–20, Sa 10–20, So/Fei 10–19 Uhr |

KVB Rathenaustraße Bergisch Gladbach–Frankenforst (SB 40)

Pippolino Kinderspielpark (Kerpen)

Spielspaß auf 2 500 Quadratmeter vor den Toren Kölns. Trampoline, Motorrad-Simulatoren, Auto-Scooter, Riesenrutsche, Bällebad, Schaukelpferd, Space Shuttle, Riesenrad: Für Kinder jeden Alters ist etwas dabei. Und zur Stärkung gibt's in der *Pizzeria Pippolino* Salate, Pasta, Hamburger und natürlich Pizza.

Hermann-Löns-Straße 30–38 | 50170 Kerpen | www.pippolino-kerpen.de | Mo–Fr 14–19,

Sa/So/Fei/Ferien 10–19 Uhr | KVB Kerpen Sinndorf (S 13, S 19)

Move Artistic Dome (Vogelsang)

Größer geht es kaum, daher auch der Name. Die vier Funsport-Hallen mit insgesamt 1 500 Quadratmetern bieten unter anderem Parkour, Freerunning, Tricking, Cheerleading, Breakdance und Stunts. Das Betreten des besonders attraktiven Trampolin-Parks ist nur mit Stoppersocken oder Turnschläppchen möglich (eigene mitbringen ist günstiger als die im Shop vor Ort).

Girlitzweg 30 | www.mad-cologne.de |

Mo–Fr 16–21, Sa/So 13–18 Uhr | Eintritt 12 € |

KVB Müngersdorf/Technologiepark (S 12,

S 13)

Tipp:

Die **Kartbahn** in Köln-Rodenkirchen ist ein Highlight für Rennfahrer ab einer Körpergröße von 1,45 Metern. Die Rennstrecke ist immerhin 380 Meter lang und die 7,5 PS-Flitzer bringen es auf 60 km/h. www.kartcenter-cologne.de

Hallen- & Freibäder

Die meisten Schwimmbäder in Köln organisiert die Städtische Betreibergesellschaft *KölnBäder* – als Mix aus Hallen- und Freibad mit Planschbecken und viel Platz zum Spielen. Privat geführt sind dagegen das *Waldfreibad Dünnwald*, das *Aqualand* und die *Claudius Therme*.

Aqualand (Chorweiler)

Hier gibt es Action-Rutschen namens *Crazy River* und *Space Taifun*, aber auch Baby- und Bambini-Schwimmkurse. Dazu Wellness-Oase, Fitnessstudio und SB-Restaurant mit Dschungel-Flair. Die bunte Mischung erinnert ein bisschen an Las Vegas. Dabei liegt die Anlage am Fühlinger See (▶ Seite 18) nördlich des Kölner Stadtviertels Nippes.

Merianstraße 1 | www.aqualand.de | tgl. 9–23, Fr/Sa bis 24 Uhr | Kinder bis 2 Jahre frei, bis 6 Jahre 5,50 €, bis 15 Jahre ab 10,90 €, Erw. ab 13,90 € | KVB Chorweiler (15)

Das Aqualand bietet Spaß für die Kinder und Erholung für die Eltern

Agrippabad (Altstadt-Süd)

Das Schwimmparadies nahe dem Neumarkt bietet auf 2 000 Quadratmetern Innen-, Außen-, Lehr- und Kleinkinderbecken, Sauna, Solarium, Wasserspielplatz und mit 130 Metern Kölns längste Rutsche. Super für Eltern und Großeltern: die Kinderbetreuung (Mi und Do 9.30–13.30, Fr 15–19 Uhr).

Kämmergasse 1 | www.koelnbaeder.de/bad/agrippabad.html | Di–Fr 6.30–22.30, Sa/So 9–21 Uhr | Kinder unter 6 Jahre 1 €, unter 18 Jahre 4 €, Erw. 6,40 € | KVB Poststraße (3, 4, 16, 18)

Tipp: Seepferdchen- und Pinguinkurse gibt Diplom-Sportlehrerin Sabine Daus in ihrem 5x15 Meter großen Privatbecken in Lindenthal. www.krielerwelle.de

Chorweilerbad (Chorweiler)

Sport- und Lehrschwimmbecken, Badegarten mit Spielgeräten, Kleinkinderrutschen und vieles mehr. Eines der modernsten Bäder Kölns, dazu komplett barrierefrei. Dienstagnachmittags gibt es Schwimmkurse für Pänz. Chorweiler mag als sozialer Brennpunkt in Köln gelten, mit diesem Bad hat das Viertel deutlich an Charme gewonnen.

Liller Straße | www.koelnbaeder.de/bad/chorweilerbad | Mo 6–8 und 16–21.30, Di/Mi 6.30–21, Fr 6.30–16, Sa/So 9–17.30 Uhr | Kinder unter 6 Jahre 0,50 €, ab 6 Jahre 3,80 €, Erw. 4,60 € | KVB Chorweiler (15)

Claudius Therme (Deutz)

Riesige Panoramafenster, Whirlpool mit Domblick, Erdwallsauna mit Kamin, Unterwassermusik am Abend. Kölns Wellnessoase schräg unter der Zoobrücke hat seinen Preis und ist etwas für Familien mit Schulkindern. Für kleinere Pänz ist das Bad weniger attraktiv und viel zu teuer.

Sachsenbergstraße 1 | www.claudius-therme.de | tgl. 9–24 Uhr | Tageskarte 33,50 €, keine Ermäßigung für Kinder | Bus (150) bis Thermalbad

Höhenbergbad (Kalk)

Vierjahreszeitenbecken mit Strömungskanal, ein großer Außenpool, Planschbecken für die Kleinen und eine 65-Meter-Rutsche für die Größeren. Dazu bietet das Bad östlich der Kölner Messe Strandkörbe, viel Sand, Snacks in der *Sansibar* und Schwimmkurse. Klasse!

Schwarzburger Straße 4 | www.koelnbaeder.de/bad/hoehenbergbad | Mo–Fr 6.30–21.30, Sa/So 9–20 Uhr, Kinder unter 6 Jahre 0,50 €, ab 6 Jahre 4,10 €, Erw. 5,50 € | KVB Fuldaer Straße (1)

Lentpark (Agnesviertel)

Clever: Die durch das Kühlen der Schlittschuhhalle erzeugte Wärme nutzen die Betreiber für das Beheizen des Hallenbads gleich nebenan. Der große Außenpool bietet im Sommer eine geniale Wasserrutsche, Plansch- und Lernbecken sowie viel Platz zum Spielen. Der Lentpark ist 2009 auf einer Gesamtfläche von 12 000 Quadratmetern samt Eishalle völlig neu entstanden. Die Pläne stammen von dem *Architektenbüro Schulitz*. Es bekam dafür 2013 den Internationalen Architektenpreis für Sportstätten.

Lentstraße | www.koelnbaeder.de/eissport/lentpark | Mo/Di 8–22, Mi–Fr 6.30–22, Sa/So 9–21 Uhr | Kinder unter 6 Jahre 0,50 €, ab 6 Jahre 4,10 €, Erw. 5,50 € | KVB Reichenspergerplatz (16, 18)

Tipp:
Schwimmkurse für Kids gibt es normalerweise ab 4 Jahren. Doch die Lehrer im Lentpark, im Ossendorfpark und Rodenkirchenpark unterrichten schon Dreijährige.

Ossendorfbad (Ehrenfeld)

Lichtdurchflutetes Schwimmbad mit Röhrenrutsche und Schwimmbecken drinnen und draußen, 2009 eingeweiht von der TV-Figur Käpt'n Blaubär. Montags und Dienstagsvormittags passt auf Wunsch zwischendurch mal eine Erzieherin auf die Kids auf.

Äußere Kanalstraße 191 | www.koelnbaeder.de/bad/ossendorfbad | Mo–Fr 6.30–22 (Mi 8–9.30 geschl.) Sa/So 9–21 Uhr | Kinder unter 6 Jahre 0,50 €, ab 6 Jahre 4,10 €, Erw. 5,50 € | KVB Iltisstraße (5)

Stadionbad (Müngersdorf)

Das Stadionbad im Sportpark Müngersdorf liegt nahe dem Heiligen Rasen des 1. FC Köln. Während Sportschwimmer hier gegen die Uhr kraulen, planschen Babys und Kleinkinder im Schiffchenkanal. Im *Bratwerk Q1* gibt es Gegrilltes. Und unter der Breitrutsche ein Kinder-WC mit Wickeltischen.

Olympiaweg 20 | www.koelnbaeder.de/bad/stadionbad | Mo–Fr 8–21.30, Sa/So 9–21 Uhr | Kinder unter 6 Jahre 0,50 €, ab 6 Jahre 3,80 €, Erw. 4,60 € | KVB Rheinenergie-Stadion (1)

Waldbad Dünnwald

Es ist das am ruhigsten gelegene Bad Kölns. Das große, beheizte Freibad am gleichnamigen Wildpark hat eine geschwungene Rutsche, ein Kinderbecken und viel Platz zum Sonnen. Beachvolleyball, Sand-Fußballplatz, Boule und Minigolf gehören mit zum Programm. Das Gasthaus *Wildwechsel*

Ab ins kühle Nass: Wasserrutschen sind der Hit

mit Biergarten und Spielplatz direkt neben dem Waldbad lockt mit Pommes à la Brüssel und Flammkuchen XXL mit Speck und Zwiebeln.

Peter-Baum-Weg 20 | www.waldbad-camping.de | Mai–Sep. 9–20 Uhr |
Kinder unter 4 Jahre frei, ab 4 Jahre 3 €, Erw. 5 € | Bus (154) bis Dünnwald/Waldbad

Zollstockbad (Rodenkirchen)

Das Kult-Kombibad der Kölner mit seinem markanten Spitzdach gibt es schon seit 1976. Retro pur? Keineswegs. In den letzten Jahren sind ein zeitgemäßes Außenkinderbecken und ein Wasserspielplatz hinzugekommen. Klasse für gestresste Eltern sind die Massageliegen.

Raderthalgürtel 8 | www.koelnbaeder.de/bad/zollstockbad | Mo 10–21, Mi–Fr 8–21.30,
Sa/So 9–21 Uhr | Kinder unter 6 Jahre 0,50 €, ab 6 Jahre 3,80 €, Erw. 5,10 € |
KVB Zollstockgürtel (12)
,

Zündorfbad (Porz)

30 Grad warmes Vierjahreszeitenbecken für Sommer und Winter, 80-Meter-Wasserrutsche, Planschareale und ein 25x25 Meter großes Hauptbecken sind hier im Angebot. Nahe am Außenbecken liegt ein Wasserspielplatz. Auch einen Grillplatz gibt es.

Groov Trankgasse | www.koelnbaeder.de/bad/zuendorfbad | Mo–Fr 10–21.30,
Sa/So 10–21 Uhr | Kinder unter 6 Jahre 0,50 €, ab 6 Jahre 3,80 €, Erw. 5,10 € |
Bus (164) bis Zündorf Kirche

Skateanlagen

Inlineskater lieben das linke Rheinufer zwischen Mühlheimer Brücke und Zoobrücke und die Wege rund um die Regattastrecke am Fühlinger See. Auch die Kitschburger Straße in Lindenthal ist attraktiv, weil sie am Wochenende für Autos tabu ist. Skater toben sich gerne in den Parcours unter freiem Himmel am Klingelpütz oder auch unter der Zoobrücke in Köln-Mülheim aus. Und noch besser ist das Angebot in den professionellen Anlagen.

North Brigade Skatepark (Nippes)

Der „Köllefornia-Skatepark" des Skatervereins North Brigade e. V. nahe der Pferderennbahn in Weidenpesch ist mit seinen 3 200 Quadratmetern reiner Fahrfläche ein Eldorado für Skater, BMX-Fahrer und Scooter. Die Betreiber bieten mehrtägige Sommercamps an, sowie Schnupperkurse für Anfänger in der dazugehörigen Skateboard-Akademie. Schon 12-Jährige dürfen alleine rein bei Vorlage der unterschriebenen Einverständniserklärung der Eltern.

Scheibenstraße 13a | www.northbrigade.de | Mo–Do 15–20, Fr 14–20, Sa/So 13–20 Uhr | Kinder unter 16 Jahre 3 €, ab 16 Jahre 5 € | KVB Scheibenstraße (12, 15)

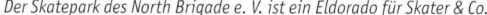

Der Skatepark des North Brigade e. V. ist ein Eldorado für Skater & Co.

Skate Plaza Kap 686 (Neustad-Süd)

Gratis sind die Skater in dieser Anlage nahe der Südbrücke unterwegs, wegen der guten Beleuchtung sogar bis spät am Abend. Das Architekturbüro *Metrobox* hat sie entworfen, mit tischartigem Pier7, Rampen und anderen Street-Elementen auf 2 000 Quadratmetern. Rheinblick und Applaus der Spaziergänger gibt es inklusive.

Kap am Südkai | KVB Ubierring (15)

Tipp:

Im Skateboard- und Longboard-Laden **Concrete Wave** in der Venloer Straße 502 gibt es eine geniale Auswahl. Auch Ausleihen ist gegen eine kleine Gebühr möglich. www.concretewave.de

Lohserampe (Nippes)

Die sportlichste Theaterbühne Kölns liegt in Köln-Nippes nahe der Inneren Kanalstraße. Die Outdoor-Miniramp mit Poolside, Curb und weiteren Elementen im gleichnamigen Park ist bei BMX-Fahrern und Skatern beliebt – und weit weniger gut besucht als das Kap 686.

Neusser Straße 153 | KVB Lohsestraße (12, 15)

DIY Skate-Anlage am Lentpark (Altstadt-Nord)

Von Skatern für Skater: Für die coole Anlage im Wäldchen neben dem Lentpark (▶ Seite 36) haben 30 Leute vom Verein *Dom Skateboarding* selber Hand angelegt. Im New York Style haben sie sogar einen Feuerwehr-Hydranten einbetoniert. Die Parcours sorgen für jede Menge Fun bei Skateboardern und Zuschauern gleichermaßen. Und im Restaurant des Lentparks gleich nebenan gibt's zwischendurch eine kleine Stärkung und kühle Getränke.

Lentstraße | KVB Lohsestraße (12, 15) oder Zoo/Flora (18) oder
Bus (127, 184) bis Lentpark

Snipes Halle 59 (Kalk)

Zwei alte Industriehallen im Herzen von Kalk sind heute Heimat für junge Extremsportler. In der Snipes Halle 59 erwartet sie auf 1 000 Quadratmetern ein Rampenparcour für Skateboarder, BMX, Blades und Stuntscooter. Heißer Tipp auch bei schlechtem Wetter.

Christian-Sünner-Straße 8 | halle59.abenteuerhallenkalk.de | tgl. 19 – 22 Uhr (abends
teilweise nur Skater, Blade oder BMX) | Tagesticket 4 €, Happy Hour 2,50 € |
KVB Kalk Kapelle (1, 9)

Tipp:
30 km nordöstlich vom Zentrum Kölns liegt im Odenthal der spektakuläre **Hochseilgarten K1** mit 116 Kletterelementen. www.hochseilgarten-k1.de

Klettern

Das Angebot für Kletterer in Köln ist riesig. Okay, nicht so riesig wie in den Alpen, aber vom Hochseilgarten bis zur regelrechten Kletterfabrik bietet sich eine Menge an.

● **Klettergarten**
Blackfoot Hochseilgarten (Chorweiler)

Hochseilgarten mit über 75 Kletterelementen am Fühlinger See. Der Besuch lässt sich über die Webseite buchen, es gibt eine 30-minütige Einführung und dann drei Stunden Action inklusive Zugang zum Bad zum Relaxen.

Stallagsbergweg 1 | www.blackfoot-cologne.de/hochseilgarten | Mai–Sep. Di–So 10–20 Uhr |
Kinder 6–15 Jahre 19 €, 16–18 Jahre 22 €, Erw. 25 € |
KVB Wilhelm-Sollmann-Straße (12, 15) oder Bus (122) bis Seeberg

● **Kletterhallen**
Kletterfabrik (Ehrenfeld)

Im Stadtviertel Ehrenfeld liegt die Kletterfabrik mit naturnaher Felsstrukturwand, Wandhöhen bis zu 17 Metern und 300 unterschiedlich schweren Routen. Kurse und Sicherheitskleidung gehören auch zum Angebot. So lernen hier schon Vierjährige gesichert Klettern, richtig Knoten und Bouldern ohne Seil in Absprunghöhe.

Oscar Jäger Straße 173 | www.kletterfabrik-koeln.de | Kinder unter 12 Jahre 6,50 €,
bis 18 Jahre 7,50 €, Erw. ab 11,50 € | Mo–Fr 9.30–23.30, Sa/So 10–22 Uhr |
KVB Venloer Straße/Gürtel (3, 4, 13)

Canyon Chorweiler (Chorweiler)

Die gemeinnützige Stadtteilwerkstatt bietet eine Kletterhalle mit Hochseilgarten an. Das rund 2,5 Stunden andauernde Training dort kostet inklusive Schutzmaterial 29 € pro Person. Darüber hinaus gibt es auch Kurse für Tanzen, Malen und Musik sowie die Clownschule im dazugehörigen *Zirkus Ponte Chorelli*.

Weichselring 6a | www.canyon-chorweiler.de | tgl. 10–23 Uhr | Kinder bis 12 Jahre 5,50 €,
bis 18 Jahre 6,50 €, Erw. 9 € | KVB Chorweiler-Nord (11).

Im *Blackfoot Hochseilgarten* klettert man gut gesichert hoch in den Bäumen

Chimpanzodrome (Frechen)

Früher haben Monteure hier Eisenbahnen repariert. Heute gehört sie zu den größten Kletterhallen Deutschlands. Über 1450 Quadratmeter Kletterfläche sprechen für sich. Auch Kurse für Kinder und Jugendliche bieten die Betreiber an sowie eine attraktive Außenkletterwand.

Ernst-Heinrich-Geist-Straße18 | www.chimpanzodrome.de | Mo–Fr 10–23, Sa/So 9–21 Uhr | Kinder bis 12 Jahre 5 €, bis 19 Jahre 7 €, Erw. 10 € | KVB Frechen/Bahnhof (7)

Abenteuerhallen Kalk (Kalk)

Die 1000 Quadratmeter große Kalker Fabrikhalle ist nicht nur wegen ihrer großen Kletterwand attraktiv. Hier sind auch Kicken, Inlineskaten und Basketball im Angebot. Und in der gleich großen Snipes Halle 59 nebenan sind BMX-Fahrer und Skateboarder unterwegs (▶ Seite 39).

Christian-Sünner-Straße 8 | www.ahk.abenteuerhallenkalk.de | Mo–Fr 15–19, Sa 15–22, So 15–20 Uhr | ab 4 € | KVB Kapelle Kalk (1, 9)

Stuntwerk (Mühlheim)

Ganz auf Bouldern ist das Stuntwerk in Köln-Mülheim spezialisiert. Kleine Kinder nutzen das Baumhaus und die Abenteuerbox und bekommen nach Absprache Kletterkurse.

Schanzenstraße 6–20 | stuntwerk.de | tgl. 10–23 Uhr | Kinder bis 14 Jahre 7 €, Erw. 11,50 € | KVB Keupstraße (4)

Reiten

Mama, ich will ein Pferd! Besonders Mädchen – aber natürlich auch Jungen – sind von den sanften Vierbeinern fasziniert. Doch Pferde sind keine Kuscheltiere, der Umgang mit ihnen will gelernt sein. Und wer nicht gerade seinen eigenen Rappen im Vorgarten stehen hat, kann das auf den vielen Höfen in und um Köln tun. Sogar Krabbelkinder dürfen schon auf zahmen Ponys einen ersten Ritt an der Leine wagen.

Ponyreiten am Tierpark (Lindenthal)

Am Rand des Tierparks Lindenthal reiten schon die Kleinsten auf ruhigen Ponys ein Stück durch den Stadtwald, entweder begleitet von den Betreuern oder den Eltern. Für Kinder unter fünf Jahren ist das eine kleine Attraktion, für die älteren sind die Reitvereine viel interessanter.

Kitschburger Straße | Sa 13–18, So 11–18 Uhr | 3 €, 10er-Karte 25 € | KVB-Brahmstraße (7)

Auch
ganz klein
schon hoch
zu Roß

Reiterverein Oranjehof e. V.

Der größte Reiterverein der Domstadt mit über 450 Mitgliedern am Fühlinger See bietet Reitkurse für Kinder und Jugendliche ab 12 Jahren sowie dienstag- und freitagnachmittags Voltigierkurse. Übrigens: Es gibt 50 Boxen für Privatpferde, und ab und an werden welche frei.

Neusser Landstraße 42 | www.oranjehof.de |
Bus (122) bis Seeberg

Tipp:

Voltigieren ist Turnen auf dem Pferd. Pänz bekommen dadurch ein gutes Körpergefühl und sitzen später sicherer im Sattel. Gute Vereine in Köln sind der Voltigierverein in Dünnwald (www.vvkoeln-duennwald.de) sowie der Kölner Reit- und Fahrverein (koeln-en.de).

Ländlicher Reitverein e. V. Köln (LRV) (Merheim)

Der LRV ist die Heimat des Reiterkorps der Größen Kölner. Seit über 50 Jahren bereiten sie sich hier auf die Karnevalssaison und den Rosenmontagszug vor. Neben den Korps-Reitern nutzen auch Familien und Kinder gerne Angebote wie Reitstunden (ab 16 €), Dressur- oder Springsstunden (beides ab 20 €). Und kleine Pänz lernen jeden Samstag für eine Stunde im LRV Ponnyclub spielerisch den Umgang mit und auf sechs ausgebildeten Ponys.

Schlagbaumweg 15 | www.lrvkoeln.de |
KVB Herler Straße (3, 13, 18) oder Bus (159)

Reit- & Fahrverein Porz e. V. (Porz)

Ab 16 € die Stunde lernen hier Jugendliche reiten. Kinder ab 9 an der Longe müssen für eine halbe Stunde 20 € berappen. Mama und Papa können inzwischen bei Kaffee oder Kölsch im Reitercasino das Training in der Halle durch eine große Glasscheibe verfolgen. Beim *Reit- und Fahrverein Porz e. V.* trainieren übrigens gleich vier Traditions-Korps des Kölner Karnevals: Jan von Werth, Ehrengarde, Columbienen und Prinzengarde.

Kriegerstraße 1 | www.reitverein-portz.de |
Bus (161) bis Köln/Bonn Flughafen Verwaltung

Westernreiten Rösrath (Rösrath)

Ponys für die ganz Kleinen, ruhige Western-Kleinpferde für die Größeren und echter Westernreitunterricht für Pänz ab 8 Jahren. Vier Unterrichtsstunden (45 Minuten) kosten im Monat 60 €. Die Reitschule von Marion und Mike Mohlberg östlich des Königsforst hat einen sehr guten Ruf, auch was die Haltung und Fütterung der Tiere angeht. Rösrath liegt rund 25 Kilometer südöstlich von Köln.

Jahnstraße 26 | 51503 Rösrath | www.westernreiten-roesrath.de |
Bus (423, 546) bis Sülztalplatz

Ponyhof Stiller (Bergheim)

Der Ponyhof von Natascha Stiller in Bergheim-Glessen bietet Unterricht im Westernreiten und an Ostern und in den Sommerferien Urlaub auf dem Ponyhof. Inklusive Ausritten, Pflege, Minikurs und Verpflegung. Auf dem Gelände leben neben den Ponys mit Namen wie „La Luna", „Picco Picasso" und „Sant Diego" auch Hunde, Katzen und die Ziege „Lilly Fee".

Alte Windmühle 1 | 50129 Bergheim/Glessen | www.marienhof-pulheim.de |
Bus (923, 961) bis Glessen-Mühlenhof

Ponyhof Sonnenschein (Bergisch Gladbach)

Kindergeburtstage feiern oder das Ponymobil nach Hause bestellen, Ponyschnuppern und -reiten für Kinder ab einem Jahr, voltigieren ab 4 Jahren oder Pony-Ferienspiele – der Ponyhof Sonnenschein rund 25 Kilometer von Köln entfernt ist ein tolles Ziel für kleine und große Pferdefreunde. Und als Erinnerung können Mama und Papa im Online-Shop T-Shirts (um die 25 €) oder Tassen (rund 15 €) mit Name und Bild des Lieblingsponys erwerben.

Klein Hohn 40 | 51429 Bergisch Gladbach | www.ponyhof-sonnenschein.de |
Bus (420) bis Mittelschbach und ca. 15 Min. Fußweg

Reitstall Biohof (Frechen)

Die Schätze des Hofes heißen „Galina", „Gremblin" oder „Willi" und sind Schulpferde. Kinder lernen ab 15 € für eine halbe Stunde an der Longe reiten. Und für den Kontakt zur Natur verlegen die Reitlehrer die Longen-Stunden auch mal auf das Feld.

Jeden Sonntag um 15 Uhr findet für kleine Pänz eine Kinderstunde mit den Ponys statt und Eltern können nach einer kurzen Einweisung sogar ein Pony für eine halbe Stunde mieten und den Nachwuchs anschließend darauf durch die umliegenden Äcker führen.

Tipp:
Infos rund um Reitunterricht, Turniere und mehr findet man unter **www.pferdesport-koeln.de**

Franz-Lenders-Straße | 50226 Frechen-Königsdorf |
www.reitstall-biohof.de | Bus (963, 980) bis Friedrich Ebert Straße

Rudern & Tretboot fahren

„Met em Möllemer Böötche fahre mer so jähn" heißt es im berühmten Karnevalslied des Kölner Komponisten Karl Berbuer. Ob über den Rhein nach Mülheim oder auf den Binnengewässern: Pänz lieben Bootsfahrten. Im Blücherpark können sie dabei Schwäne bestaunen, auf der Zündorfer Groov gibts sogar einen überdimensionalen Tretboot-Schwan.

Kahnstation Zündorfer Groov

An der Halbinsel Groov (▶ Seite 17) geht's im Tretboot über einen stillen Rhein-Seitenarm – wahlweise sogar im kitschigen Schwan. Kostenpunkt: rund 4 € die halbe Stunde. Und wer es eine Nummer größer mag, setzt anschließend mit dem Krokodil über den Rhein nach Köln-Weiß über.

Groov Terasse Zündorf | Am Markt 4 | www.groov-terrasse.de | Zeiten & Preise auf Anfrage | KVB Zündorf (7) oder Bus (164, 501) bis Zündorf Marktstraße

Blücherpark (Nippes)

Die Parkanlage im Stadtteil Bilderstöckchen verläuft parallel zur A 57. Doch bei Kaffee, Kuchen und Livemusik im versteckten Biergarten direkt am Wei-

Am Haus am See bietet sich sogar wettrudern um die kleine Insel herum an

her ist der Lärm schnell vergessen. Hier können Gäste Ruderboote für 4 €
die halbe Stunde ausleihen. Der Weiher ist klein, aber darin tummeln sich
Schwäne, jede Menge Enten und sogar ein paar Wasserschildkröten.

Parkgürtel | www.bluecherpark.de | Mo–Sa ab 14, So/Fei ab 10 Uhr bis Einbruch der Dunkel-
heit | KVB Nußbaumerstraße (5) oder Escher Straße (13)

Hellers Volksgarten Bootsverleih (Altstadt-Süd)

Auf knallroten Tretbooten gehts über den 5,5 Hektar großen See im Volksgarten. Hier sind 3 € Pfand fällig (wer die Boote verdreckt zurückbringt),
ansonsten kostet die angefangene halbe Stunde Vergnügen 3,50€. Davor
oder danach gibts für Pänz und Erwachsene im Eisbüdchen eine kalte Erfrischung oder im Biergarten der Brauerei Hellers ein leckeres Kölsch.

Volksgartenstraße 7 | www.hellers-brauhaus.de | Mo–Fr ab 15, Sa ab 14, So ab 11.30 Uhr bei
schönem Wetter | KVB Ulrepforte (15, 16)

Bootsverleih am Stadtwaldweiher (Lindenthal)

Im Ruderboot schippern Pänz und Große über den künstlichen See. Der
bietet im Sommer schattige Abkühlung. Anschließend lockt der Biergar-

Tretboot-
fahrer auf dem
Kalscheurer
Weiher

ten im nahen *Leonardo Hotel.* Und
auch der Lindenthaler Tierpark mit
freilaufendem Damwild zum Streicheln ist nur einen Katzensprung
entfernt.

Dürener Straße 278 (Hotel) | KVB Dürener
Straße/Gürtel (7, 13) oder Bus (136)

Tipp:
Wer sich auch mal indoor versuchen
will: Im Kölner Olivandenhof (Nähe
Neumarkt) befindet sich **Globetrotter**
mit einem rund 250 Quadratmeter
großem Becken zum Testen von
Booten und Tauchausrüstung.
www.globetrotter.de

Decksteiner Weiher

Unterhalb des beliebten Ausflugslokals können
Wassersportbegeisterte Ruder- und Tretboote auslei-
hen. Anschließend stärken sich Kids und Eltern auf der Terrasse oder holen
sich am Büdchen Eis oder Getränke. Und danach bietet sich für alle die Minigolf-Anlage neben dem *Haus am See* an. Tipp für durstige Eltern: Kölsch
besser mitbringen, ist hier viel zu teuer.

Bachemer Landstraße 420 | www.minigolf-lindenthal.de |
Di–Fr 12–18, Sa/So/Fei 10–18 Uhr | ab 4,50 €/halbe Std. | Bus (146) bis Deckstein

Kalscheurer Weiher (Zollstock)

Der Kiosk im Bauwagen vermietet für 7 € die Stunde rote und blaue Ruderboote. Dazu gibt's Getränke und Snacks zu moderaten Preisen (0,5 l Wasser
für 1,50 € oder einen kleinen Kaffee für 1 €). Und dann geht es sportlich
zur kleinen Insel mitten im Weiher am äußeren Kölner Grüngürtel. Die ist
allerdings Naturschutzgebiet: Betreten verboten, anschauen ist aber natürlich erlaubt.

Zollstocker Weg | www.kalscheurer-weiher.de | Mo–Fr 14, Sa 13, So 11 Uhr bis Einbruch der
Dunkelheit | KVB Zollstock Südfriedhof (12)

Blackfoot Beach (Nippes)

Sportlicher geht es kaum: Den Fühlinger See im Norden Kölns können Kids
und Eltern im 1er- oder 2er-Kajak, alternativ mit zwei bis vier Personen im
Kanadier erkunden. 10 bis 11 € pro Stunde oder zwischen 24 und 30 € pro
Tag kostet das Vergnügen – inklusive Schwimmwesten und Paddel.

Stallagsbergweg 1 | www.blackfoot.de | im Sommer meist ab 10 Uhr | Bus (122) bis Seeberg

Tanzen & Turnen

Laufen, turnen, hüpfen, springen und natürlich tanzen – die meisten Kinder bewegen sich gerne. Und ganz nebenbei lernen sie Rhythmus und Körpergefühl und verbessern ihre Sozialkompetenz. Viele Vereine, Tanzschulen und selbständige Trainer bieten Kurse an. Außerdem gibt es im ganzen Stadtgebiet um die 50 namhafte Tanzgruppen – viele mit eigenen Kinder- und Jugendabteilungen.

Tanzschule van Hasselt (Lindenthal)

„Dance4Kids" heißt das Motto. Hier lernen Kids ab 3 Jahren Freude an Bewegung und Tanz – abgestimmt auf Alter und Entwicklungsstand. Größere Pänz versuchen sich in Break Dance oder Hip Hop. Und natürlich gibt's auch ganz klassischen Ballettunterricht.

Tipp: Hier können Kinder auch Geburtstag feiern – natürlich mit viel Tanz und guter Laune (ab 120 €).

Karl-Schwering-Platz 4–6 | www.vanhasselt.de | ab 30 € im Monat |

Bus (136) bis Karl-Schwering-Platz

oder im Sommershof | Hauptstraße 71–73 |

KVB Rodenkirchen (16, 17) oder Bus (130, 131, 135)

Tanzzentrum Weißhausstraße (Sülz)

Rhythmusgefühl und Körperfreude: Hier tanzt schon die Windel-Liga ab zweieinhalb Jahren. Und für größere Kids bietet das Tanzzentrum auch Hip Hop-Kurse an. Auf Anfrage können auch hier Kinder ihren Geburtstag feiern.

Weißhausstraße 21 | www.tanzschule-koeln.de | ab 25 € im Monat |

KVB Weißhausstraße (18) oder Bus (142)

Das große Vorbild: einmal Funkenmariechen sein

MUSICFACTORY (Nippes)

Gesang, Instrumente und Tanz stehen bei der MUSICFACTORY auf dem Programm. Kids ab dreieinhalb Jahren beginnen hier mit der tänzerischen Früherziehung. Für größere Kinder gibt es Hip Hop-, Street Dance- und sogar Musical-Kurse mit Tanz, Schauspiel und Gesang.

Kindergeburtstage werden auch hier angeboten: 1,5 Stunden Animation kosten um die 160 €.

Amsterdamer Straße 212 | www.musicfactory-koeln.de | Tanzkurse ab 28 € im Monat | KVB Nesselrode Straße (16)

Colonia Akademie für Musik & Tanz (Mülheim)

Kindertanz ab 5 Jahre, Ballett, Jazzdance ab 13, Hip Hop ab 8 und Standard/Latein auch ab 8 Jahren. Dazu können Pänz ab 3 Jahren sich bei ZUMBA – einer Mischung aus Aerobic und lateinamerikanischen sowie internationalen Tanzelementen – mal richtig austoben.

Wiener Platz 2 | www.colonia-akademie.de | Preise auf Anfrage, um die 30 € pro Monat | KVB Wiener Platz (4, 13, 18) oder Bus (151, 152, 153, 159, 190)

Tipp:
Übersicht der Kölner **Tanzgruppen:**
www.karneval.de/
Tanzgruppen.aspx

Tanzquartier Köln (Südstadt)

Tänzerische Früherziehung ab 3 Jahren, Ballettunterricht und Kindertanz stehen auch im Tanzquartier in der Südstadt auf dem Programm. Kosten ab 23 € im Monat, ab dem zweiten Familienmitglied gibt's Rabatt.

Annostraße 22–33 | www.tanzquartier.koeln.de |
KVB Clodwigplatz (15, 16, 17) oder Bus (106, 132, 133, 142)

TUS Köln Nippes

Kindertanz ab 4 Jahren, aber die Warteliste ist in der Regel lang. Doch beim TUS Nippes können Kids auch turnen, schwimmen, Trampolin springen und mehr. Pänz bis 14 zahlen im Jahr 72 € Mitgliedsbeitrag plus 4 € pro Tanzstunde und plus 48 € im Jahr für Schwimmen, Kinderturnen oder Trampolin. Kinder mit *Köln Pass* sporteln umsonst.

Niehler Kirchweg 206 | www.tusnippes.de | Bus (147) bis Niehler Kirchweg

Toben, Tollen, Turnen, Bewegung tut gut und macht Spaß

Kinder Spiel Sport Verein e. V. Köln

Der Verein hat mehrere Standorte und bietet beispielsweise Kinderturnen in Widdersdorf ab 4 Jahren, in der Südstadt ab 2 Jahren oder in Sülz ebenfalls ab 2 Jahren. Daneben stehen auch Babyschwimmen, Kinderschwimmkurse und Fußball in Sülz und der Südstadt auf dem Programm.

www.kinder-spiel-sport.de | Jahresbeiträge ab 160 €

Tipp:

Tanzen, Zeichnen, Graffiti-Action: Die Bildungseinrichtung **KUM&LUK** bietet schon den Kleinsten großartige Kurse an. www.kum-und-luk.de

MTV Mülheimer Turnverein Köln von 1850

Ab 6 Jahren dürfen Pänz im Tanzlabor modernen Tanzmix aus Streetdance, Modern Dance und Jazz kennenlernen. Beim Hip Hop-Kurs (ab 8 Jahren) sind auch Anfänger willkommen. Und wer sich lieber anders sportlich betätigen möchte: auch Schwimmen, sogar Babyschwimmen, und Tennis bietet der Verein für Pänz an.

Herler Ring 176 | www.mtv-koeln.de | Mitgliedsgebühren ab 12,50 € im Monat |
KVB Wichheimer Straße (3, 13, 18)

Turnverein Rodenkirchen 1898 e. V.

Im diesem Verein in Kölns Süden sind auch die Kleinsten herzlich willkommen. Judo für Bambinis zwischen 4 und 6 Jahren, Kinderturnen, Leichtathletik, Tanz, Eltern- & Kindturnen und sogar Zirkus stehen auf dem kunterbunten Programm.

BZA Sürther Feld | Sürther Straße 195 | www.tvr1898.de |
Bus (130, 131) bis Ernst-Volland-Straße

Deutzer TV 1878 e. V.

Bewegungserziehung ab 3 Jahren, Turnen, Fußball, Basketball und Fitness. Rund 700 Mitglieder verbringen hier an diversen Veranstaltungsorten einen Teil ihrer Freizeit mit Sport und Bewegung. Dazu gehören auch acht Kindergruppen.

www.deutzertv.jimdo.com |
ca. 75 € pro Jahr

SSBK:

Der **Stadtsportverbund Köln** ist das Sprachrohr für neun StadtBezirks-SportVerbände, 57 Sportfachverbände, rund 800 Sportvereine und damit knapp 250 000 Sportlerinnen und Sportler in Köln. Hier finden Pänz ganz sicher den richtigen Kurs – ob Kinderturnen, Kickboxen oder Kung Fu. www.ssbk.de

Karneval

Frühling, Sommer, Herbst, Winter, Karneval: Die fünfte Jahreszeit gehört zu Köln wie Rhein, Dom und FC. Besonders spannend für Pänz (Kinder op Kölsch) ist natürlich der Straßenkarneval mit den vielen bunten Kostümen und jeder Menge Kamelle. Also: „Alaaf und auf ins jecke Treiben".

Hier tritt der Adel des Fastelovends auf: Räuber, Brings, Kasalla & Co. Und natürlich geben sich auch OB und Dreigestirn die Ehre. Früh da sein ist allerdings Pflicht. Denn die Ordner lassen nur eine begrenzte Menge Jecken passieren.

Alter Markt/Heumarkt | KVB Rathaus (5) oder Dom/Hbf. (5, 16, 18) oder Heumarkt (1, 5, 7, 9) oder Bus (106, 132, 133)

Elfer im Elften

Punkt 11.11 Uhr beginnt offiziell die Karnevals-Session. Und das feiern Jecken mit Musik, Tanz und Umzügen in ganz Köln. Berühmt ist die Bühne am Alter Markt (Übertragung auf Videoleinwand auf dem Heumarkt).

Tipp:
Die Kölner Verkehrsbetriebe bieten jedes Jahr ein verbilligtes **Karnevals-Ticket** für fünf Personen von Weiberfastnacht bis Veilchendienstag an. Preis: um die 25€ an allen KVB-Verkaufsstellen.

Kinderkostümsitzung

Während der laufenden Karnevalssession veranstalten viele Karnevals-Vereine in und um Köln auch Kinder-Kostümsitzungen. Empfehlenswert ist das Kinderkostümfest der Kinder und Jugendtanzgruppe *Jan von Werth e. V.* im Kölner Karnevalsmuseum. Hunderte Pänz schunkeln und tanzen hier, basteln, lassen sich schminken und haben jede Menge Spaß bei freiem Eintritt (Spende von 7,50€ erbeten).

für Kinder

Kölner Karnevalsmuseum, Maarweg 134–136 | www.janvonwerth.net/wp/wordpress/schwadrone/kinder-jugendtanzgruppe | Bus (141, 143) bis Karnevalsmuseum

Dat Spillche an d'r Vringspotz

Jan und Grit sind das wohl berühmteste Paar Kölns. Von Tünnes und Schäl einmal abgesehen. Sie verschmähte den armen Jungen und traf ihn als erfolgreichen Reitergeneral wieder. Dieses historische Date führt das Reiter-Korps Jan von Werth jedes Jahr Weiberfastnacht an der Severinstorburg (op Kölsch: Vringspotz) auf. Danach gibt es einen großen Zoch zum Alter Markt.

Severinstorburg | Clodwigplatz 2 | www.janvonwerth.net | KVP Clodwigplatz (15, 16, 17) oder Bus (106, 132, 133, 142)

Tipp: Besonders während der Narrenzeit erklingen überall **Kölsche Tön:** Lieder, Büttenreden und die Lück op dr Stroß. Imis und Gäste finden hier die Übersetzung: www.koelsch-akademie.de/nc/online-woerter-buch

Sternmarsch

Am Spätnachmittag des Karnevalsfreitags ziehen die Veedels-Vereine aus allen Himmelsrichtungen sternförmig zum Alten Markt. Hier beginnt um 18 Uhr das Bühnenprogramm. Tribünen-Karten sind kostenlos, aber heiß umkämpft. Denn nur wer zuerst da ist, bekommt auch welche. Offizieller Einlass ist 16 Uhr.

Alter Markt/Heumarkt | www.koelnisches-brauchtum.de | KVB Rathaus (5) oder Dom/Hbf. (5, 16, 18)

Geisterzug

Abmarsch ist gegen 19 Uhr, gruselige Kostüme sind erwünscht, aber es geht auch ganz ohne. Den Zochweg legen die Veranstalter jedes Jahr neu fest. Und Kamelle (Bonbons und anderes Wurfmaterial) wirft hier garantiert niemand. Dafür ist die Stimmung herrlich schaurig und die eine oder andere Percussion-Band heizt am Wegrand ordentlich ein.

Infos, Zugweg, Aufstellungsort und mehr unter: www.geisterzug.de

Zöch em Veedel

86 Veddel und (fast) jedes hat seinen eigenen Karnevalszug. Meist kleiner als der Rosenmontagszug – in der Regel weniger touristisch, dafür viel familiärer. Und das Beste für Pänz: Hier kommen auch Kleine ganz nach vorne in die erste Reihe und füllen garantiert ihre Büggel met janz vill Kamelle.

Alle Termine und viele Tipps zum Kölner Karneval gibt es beispielsweise unter: www.koelnreporter.de/jeck

Schull- un Veedelzöch

Für kölsche Pänz sind die Schull- un Veedelzöch der eigentliche Höhepunkt der Session. Besonders wenn sie mit Schule oder Veedelsverein selber mitgehen dürfen. Der Zoch läuft wie der Rosenmontagszug von der Severinstorburg bis zur Mohrenstraße (Zeughaus). Alle Jecken am Straßenrand dürfen sich auf viele Fuß- und Musikgruppen und ganz viele Kamelle freuen.

Start: 11.11 Uhr | Severinstorburg | Chlodwigplatz 2 | www.koelnisches-brauchtum.de | KVB Chlodwigplatz (15, 16, 17) oder Bus (106, 132, 133, 142)

Rosenmontagszug

Offiziell ist der Rosenmontagszug der Höhepunkt der Karnevals-Session. Mit dabei sind alle großen Traditions-Vereine und gerne auch mal Promis wie Heidi Klum oder die Jungs vom 1. FC Köln. Besonders viele Kamelle fliegen gewöhnlich vor der großen WDR-Bühne. Und auch wenn es überall hoffnungslos voll ist: Dabei sein und mitfeiern ist ein Muss auch für die kleinen Kölner, Imis und Jecken aus aller Welt.

Start: 10.11 Uhr | Severinstorburg |
Chlodwigplatz 2 | KVB Clodwigplatz (15,
16, 17) oder Bus (106, 132, 133, 142) |
Ende: Mohrenstraße (Zeughaus) |
Dauer: ca. 4 Std.

Nubbelverbrennung

Nur für große Pänz, denn los geht's um Mitternacht. Dann brennt vor vielen Kneipen der Nubbel, eine Art Strohpuppe – quasi als Ersatz-Buhmann für die Sünden der vielen Jecken. Besonders spektakulär ist die Nubbelverbrennung im *Kwartier Latäng* auf der Roonstraße: mit echtem Leichenwagen und einem großen Feuer.

Roonstraße, KVB Zülpicher Platz (9, 12, 15)

Lachende Pänzarena

Am 15. Januar 2017 war Premiere in der Kölnarena. 3 000 Kinder und ihre Eltern kamen, das Mini-Dreigestirn und die Reporter vom Express sowieso. Die Musiker der Band *Querbeat* brachte das Pänz-Publikum mit dem Hit „Dä Plan" in Laune. Und ab sofort hatte die Domstadt ein neues jeckes Highlight. Eines, das die Erwachsenen immerhin schon seit 1965 als „Lachende" kennen. Nur eben im Miniaturformat. Und die Kids haben natürlich besseres verdient als die ewigen Schnulzen der *Bläck Fööss* à la „Ming eerste Fründin". Kultgäste für die Kleinen sind erfrischend junge Bands wie *Pläsier* (kölscher Begriff für Vergnügen) mit Hits wie „Dat hööt nit op". Die „Lachende Pänzarena" hört bestimmt auch nicht mehr auf.

LANXESS arena | Willy-Brandt-Platz 2 | KVB Deutz/Lanxessarena (3, 4)

Kultur & Unterhaltung

Das *Odysseum* ist ein echtes Abenteuer-Museum und garantiert nicht langweilig (▶ Seite 58)

Ein Journalist des Boulevardblatts *Kölner Express* hat einmal gesagt: Kultur ist, wenn Karajan der Kronleuchter auf den Kopf fällt. Ok, etwas mehr sollte es aber schon sein, oder? Wie wäre es mit einer Bildungs-Safari im Zoo? Oder mit einem selbst gedrehten Kurzfilm? Die Angebote für die Sommerferien sind in Köln super. Und rund ums Jahr locken *Hänneschen & Bärbelchen* mit ihrem Puppenspiel. Die Philharmonie bietet Kinderkonzerte an. Und im Römisch-Germanischen Museum steht ein riesiges Grab, das Kölsche Jungs einst unter ihrem Wohnhaus entdeckten. Und Stein für Stein an die Oberfläche beförderten.

Tipp:

Für alle (städtischen) Kölner Museen und Ausstellungen gemeinsam gibt es eine **Jahreskarte.** Sie kostet 90 € (erm. 68 €) und ist an den Museumskassen erhältlich.

Museen & Ausstellungen

Mit Filzpantoffeln übers Museums-Parkett rutschen war gestern. Kinder wollen was erleben, mitmachen. Besonders spannend, aber auch teuer, ist das Kölner *Odysseum*. Hier graben die Kleinen selber nach Fundstücken, fliegen im Simulator und erkunden die Welt. Doch auch kleine Museen wie das Straßenbahnmuseum haben tolle Geschichten für Pänz auf Lager. Hier testen schon die Kleinsten die Schalter der Fahrerkabinen und bestaunen Straßenbahnwagen mit Pferdeantrieb.

Odysseum (Kalk)

Ein Abenteuer-Museum nur für Kinder (bis 99 Jahre): 150 Stationen laden auf 4 500 Quadratmetern Kids ab 4 Jahren zum Staunen, Lernen und vor allem zum Mitmachen ein. Im *Maus-Museum* erleben schon kleine Pänz aktiv die Geschichten aus der Sendung mit der Maus (WDR). Größere Pänz testen im Astronautentrainer ihre All-Tauglichkeit. Ob draußen oder drinnen: Jedes Kind kann hier forschen und entdecken. Zum Angebot gehören Kletterwand, Hochseilgarten, Mitmach-Ausgrabungsstätte, 3-D-Kino, ein lebensgroßer Dino oder ein Abenteuer-Spielplatz. Und wer mag, kann auf fünf verschiedenen Rallyes knifflige Fragen lösen.

   Zusätzlich gibt es auch spannende Wechselausstellungen im Odysseum sowie Party-Angebote für Geburtstagskinder: Die spielen beispielsweise den Piratenkapitän oder die Meerjungfrau *Meerina*, jagen als Detektiv Umweltsünder (jeweils ab 6 J.) oder machen ein Agententraining (ab 8 J.).

Corintostraße 1 | www.odysseum.de | Di–Fr 9–18, Sa/So/Fei 10–19 Uhr | Kinder 8 € , Erw. 16 € |
KVB Kalk Post (1, 9) oder S-Bahnhof Trimbornstraße (S 12, S 13, S 19)
oder Bus (150, 159) bis Walter-Pauli-Ring

Sport- & Olympia-Museum (Altstadt-Süd)

3 000 Jahre Sportgeschichte auf 2 000 Quadratmetern. Rund 125 000 teils kuriose Exponate locken Kinder und Erwachsene zum Schmunzeln und manchmal auch zum Erinnern ein. Mit dabei: die zerspielten Fußballschuhe von Kaiser Franz Beckenbauer aus dem WM-Jahr 1970, Muhammad Alis

signierte Boxhandschuhe mit Widmung von 1981 (kurz vor seinem letzten Kampf), das Polo-Shirt von Boris Becker aus dem Endspiel-Doppel bei Olympia 1992 in Barcelona und natürlich ein Trikot von Kölns Lieblings-Fußballer Lukas Podolski – allerdings vom FC Arsenal.

Outdoor-Higlight des Sport- und Olympia-Museums sind die zwei Kunstrasenplätze auf dem Dach. Hier können Kinder nach Herzenslust Fußball, Volleyball oder Tennis spielen. Dazu gibt es gratis einen super Blick auf den Kölner Dom, den Rhein und die Severinsbrücke.

Im Zollhafen1 | www.sportmuseum.de | Di–Fr 9–18, Sa/So/Fei 11–19 Uhr |
Kinder 3 €, Erw. 6 € | KVB Severinstraße (3, 4, 17) oder Bus (106, 132)

Straßenbahnmuseum (Dellbrück)

Kölns Straßenbahnmuseum liegt in der kuriosesten Haltestelle der Domstadt: Thielenbruch. Wer regulär mit der Bahn fährt, läuft am Eingang durch einen durchgesägten Waggon in die Jugendstilhalle. Geradeaus weiter geht es zum Museum selbst mit einigen Highlights: Die funktionsfähigen Wagen datieren bis in die 1870er-Jahre zurück. Es gibt Modelleisenbahnen, Videos, Schalter vom Zugführer für die Kids, historische Kultfotos in Schwarzweiß, dazu einen Shop mit KVB-Quietscheenten und Käffchen für die übernächtigten Eltern.

150 Stationen laden im Odysseum zum Staunen, Lernen und Mitmachen ein

Gar nicht so museumsreif: der klassische Ford Taunus 17M

Zuständig für das Museum ist der Verein *Historische Straßenbahn Köln e. V.* Und der organisiert mit den alten Personentransportwagen schon mal Sonderfahrten durch Köln, darunter am 6. Dezember die Nikolausfahrt.

Gemarkenstraße 173 | www.hsk-koeln.de | Jeden 2. Sonntag im Monat von 11–17 Uhr | Kinder 6–14 Jahre 1 €, Erw. 1,50 € | KVB Thielenbruch (18)

Kölnisches Stadtmuseum (Altstadt-Nord)

1 200 Jahre Stadtgeschichte: vom Mittelalter bis in die Gegenwart. Langweilig? Im Gegenteil. Besonders die spezielle Dauerausstellung für Pänz lädt zu einer spannenden Zeitreise ein. Karneval, Hänneschen-Theater oder Kölnisch Wasser: Was sind die Geschichten dazu? Wie sah die Domstadt früher aus? Mit was spielten die Kinder zu Omas Zeiten und was hatten sie an? Natürlich zeigt das Museum auch Waffen und Rüstungen. Ehrensache, denn es befindet sich im Zeughaus, dem ehemaligen Waffenarsenal Kölns.

Wer ohne Führung in die Geschichte eintauchen möchte: Am Eingang gibt es für Kinder kostenlose Audioguides. Kostenlos im Internet oder für 10 Cent an der Kasse gibt es auch Rallye-Bögen. Und gegen 5 € Pfand sogar einen tollen Entdeckergürtel mit Würfeln, Stundenglas, Stempeln, Lupe und mehr. Tipp: Hier laufen auch Kindergeburtstage.

Zeughausstraße 1–3 | www.museenkoeln.de/koelnisches-stadtmuseum | Di 10–20, Mi–So/Fei 10–17 Uhr | Eintrittspreise laut Webseite | KVB Apellhofplatz (3, 4, 5, 16, 18)

Römisch Germanisches Museum (Altstadt-Nord)

„Colonia Claudia Ara Agrippinensum" nannten die Römer Köln, ihren wichtigen Außenposten des Reiches damals. Immer wieder tauchen bei Bauarbeiten im Stadtgebiet Mauerreste, Münzen und Tonscherben auf. Die schönsten Stücke können Kinder und Erwachsene im Römisch Germanischen Museum direkt neben dem Dom bestaunen. Berühmt ist das Dionysosmosaik, ganze 25 Quadratmeter groß. Es besteht aus rund 1,5 Millionen Glas- und Tonsteinchen.

Fast noch beeindruckender ist das Grabmal des Legionsveteranen Lucius Poplicius mit seinen 15 Metern Höhe. Die Jungs einer kölschen Familie hatten es einst unter ihrem Wohnhaus entdeckt, nach oben befördert und schließlich dem Museum verkauft. Beide Ausstellungsobjekte sind von außen über ein großes Panoramafenster bei Tag und Nacht sichtbar. Und was lädt sonst noch zur Reise in die Vergangenheit ein? Der Bogen des ehemaligen Nordtores, die Kertscher-Krone aus Gold, Alltagsgegenstände aus Keramik und jede Menge Steinzeug.

Roncalliplatz 4 | www.museenkoeln.de/roemisch-germanisches-museum | Di–So 10–17 Uhr | Eintritt Erw. ab 6,50 €, erm. 3,50 €, Kinder in der ständigen Sammlung teilweise frei | KVM Dom/Hbf. (5, 16, 18)

Tipp:
Am 1. Donnerstag im Monat ist **KölnTag**. Dann haben viele städtische Museen bis 22 Uhr geöffnet. Und das Beste: Kölner haben freien Eintritt unter Vorlage ihres Personalausweises.

Rautenstrauch Joest Museum

Der Besuch ist eine Art Weltreise in verschiedene Kulturen aus unterschiedlichen Epochen. Schon im Foyer wartet der erste Blickfang: ein 7,5 Meter hoher Reisspeicher aus Holz, Rattan und Bambus von der Insel Sulawesi. Ein Gamelan-Orchester aus Java stimmt die Besucher mit seinen 50 Instrumenten auf die Themenparcours ein. Wer auch mal selber spielen möchte: Das Museum bietet eigene Kurse an. Weiter geht es durch Dauerausstellungen zu den Themen Kleider und Schmuck, Tod und Jenseits, Rituale, Religion, Kunst und sogar zu Vorurteilen. Bei speziellen Kinderkursen dürfen Pänz auch drucken, malen oder gestalten. Und im dazugehörigen Junior-Museum „erzählen" fünf Kinder aus fünf Kontinenten von ihrem Alltagsleben.

Cacilienstraße 29–33 | www.museenkoeln.de/rautenstrauch-joest-museum | Di–So 10–18, Do bis 20 Uhr | Eintritt Erw. ab 7 €, erm. 4,50 € | KVB Neumarkt (1, 3, 4, 7, 9, 16, 18) oder Bus (136, 146)

Schokoladenmuseum (Altstadt-Süd)

Seit 1993 besuchen jährlich weit über eine halbe Million Besucher das Schokoladenmuseum auf der Rheinau-Halbinsel nördlich des neuen Rheinauhafens. Highlight und natürlich immer eng umlagert ist der Schokoladenbrunnen. Jeder Gast bekommt eine kleine Waffel und darf sie in das flüssige braune Gold des drei Meter hohen Brunnens tunken. Ansonsten geht es um die 5 000-jährige Kulturgeschichte der Schokolade – von der Bohne bis zur fertigen Tafel oder Praline. Alte Produktionsanlagen, Tassen und Geschirr, Reklametafeln, ja sogar eine lila Kuh machen den Besuch spannend. Tipp: Auf dem Programm stehen auch Verkostungen und Kurse speziell für Kinder.

Am Schokoladenmuseum 1a | www.schokoladenmuseum.de | Di–Fr 10–18,
Sa/So/Fei 11–19 Uhr, Kinder unter 6 J. frei, Erw. 9 €, erm. 6,50 € |
Bus (132, 133, 106) bis Schokoladenmuseum oder mit dem Schoko-Express (Abfahrt Dom-
Burgmauer, neben KölnTourismus, alle 30 Min.)

Wallraf-Richarz-Museum (Altstadt-Nord)

Langweilige alte Schinken? Nicht wenn Museums-Fliege „Willi" mit seinen berühmten Freunden „Maus" und „Elefant" zu einer spannenden Rallye durch die Ausstellung von Gemälden und Grafiken aus über 700 Jahren Kunstgeschichte einlädt. Ab 8 Jahren entdecken Pänz so berühmte Maler wie Rembrandt, Lochner oder Monet. Dabei schreiben sie ein Gedicht, ergänzen kreativ ein Gemälde oder zeichnen einen eigenen Dämon.

Online: Spiele, Puzzle und sogar Hörspiele – natürlich alles gratis. Tipp: Eine schöne Erinnerung gibt's im CEDON Museumsshop – von Kunstdrucken, über Literatur bis zu Alltagsgegenständen im schicken Design, wie Kerzenleuchtern, Vasen oder Taschen.

Obermarspforten 40 | www.wallraf.museum | Di–So 10–18 Uhr |
Kinder bis 18 J. frei, Erw. 12 €, erm.8 € | KVB Rathaus (5) oder Dom/Hbf. (5, 16, 18)

Karnevalsmuseum (Müngersdorf)

Völlig ab vom Schuss im Norden des Zentrums und nur einmal im Monat geöffnet. Kölns Karnevalsmuseum fristet ein trauriges Dasein in einer der ödesten Ecken der Domstadt. Dabei gehört die fünfte Jahreszeit schon über 200 Jahre zu Köln – die Ursprünge reichen aber sogar bis in die Römerzeit zurück. Dennoch: Prunkwagen, Orden, Kappen und Mützen, Uniformen und Plakate erzählen auf rund 1 400 Quadratmetern ihre Geschichte ganz anschaulich, unterstützt von Multimediaspots mit Filmen, Musik und mehr. Das Kölner Karnevalsmuseum ist sogar das größte im deutschsprachigen Raum. Zu den wertvollsten Exponaten zählt das „Protokollbuch des Festordnenden Comitees" von 1827. Tipp: Um 11 und um 13 Uhr gibt es an den wenigen offenen Tagen eine Führung für 8 € (ermäßigt 5 €).

Maarweg 134–136 | www.koelnerkarneval.de/museum | unregelmäßig geöffnet |
Erw. 6 €, erm. 4 € | KVB Maarweg (1) oder Bus (141, 143) bis Karnevalsmuseum

Museum Ludwig (Altstadt-Nord)

Moderne und zeitgenössische Kunst sowie Fotografie auf 8 000 Quadratmetern: von Surrealismus bis Pop-Art. Zur Sammlung gehören Werke von Lichtenstein, Warhol oder Picasso. Seit 2015 können Familien mit Kindern hier im „Art Labor" gemeinsam spielen, experimentieren und entspannen. Pänz können beispielsweise Farbbrillen gestalten und das Museum auf neue Weise sehen oder beim Quiz herausfinden, welcher Künstlertyp sie sind. Daneben bietet das Museum Ludwig Führungen für Kinder mit und ohne Eltern, ein Ferienprogramm und samstags unter dem Titel „Museum-KinderZeit" eine Werkstatt für Pänz an. Tipp: Gegen Pfand können Eltern Familienkoffer zu den Themen Materialien (geeignet ab 2 J.) oder Farben und Formen (ab 3 J.) ausleihen. Kinder entdecken damit spielerisch Kunst – ganz ohne Langeweile.

Heinrich Böll Platz | www.museum-ludwig.de | Di–Sa 10–18 Uhr | Kinder bis 18 Jahre frei,
Erw. 11 €, erm. 7,50 € | KVB Dom/Hbf. (5, 16, 18)

Gegenüber vom Schokoladenmuseum steht der Malakoffturm

Theater, Oper & Puppenspiel

Kinder verbringen ihre Zeit lieber mit Games oder streamen Filme und Musik – so die Vorurteile. Doch besonders für kleine Kinder ist das purer Medienstress. Theater und Musik hingegen lassen Freiraum für Gefühle, Vorstellungen und Träume. Sie regen an, selten auf. Dabei bieten die vielen Kölner Bühnen schon Programme für die Windel-Liga, auch zum Mitmachen. Am beliebtesten bei Pänz sind übrigens Puppentheater – besonders auf Straßen und auf kleinen Bühnen.

Casamax Theater e. V. (Sülz)

Der Schwerpunkt des Theaters in Sülz liegt auf Kinder- und Jugendstücken. Und die sind jeweils für konkrete Altersklassen konzipiert. Gegen zusätzliches Entgelt dürfen Kinder auch hinter die Bühne blicken, Nachgespräche über die Stücke führen und sogar ihren Geburtstag hier feiern. Die Stücke sind sinnlich, stimmungsvoll und sollen Bilder erzeugen – mit viel Raum für eigene Assoziationen, Gefühle und Gedanken.

Beerenrather Straße 177 | www.casamax-theater.de |
Karten für Kinderstücke ab 8 €, erm. 6 € | Bus (130) bis Konradstraße

Comedia Theater (Südstadt)

Die einstige Feuerwache Cöln Süd ist heute Heimat des Comedia Theaters und eines großen und sehr empfehlenswerten Restaurants. Eine Säule des Theaters sind die zahlreichen Kinderstücke – teilweise bereits für Einjährige. Und ab 13 Jahren können Jugendliche hier sogar ein System von Schauspiel-Kursen (ab 155 € für 10 Termine) bis hin zum großen Abschlusskurs mit Abschlussprojekt absolvieren. In dem Kinder- und Jugendtheater laufen teils preisgekrönte Stücke wie *Tigermilch, Taksi to Istabul* und *Villa Utopia*.

Vondelstraße 4–8 | www.comedia-koeln.de | Karten für Kinderstücke ab 8 €, erm. 6 € |
KVB Ulrepforte (15)

Horizont-Theater (Agnesviertel)

Das private Horizont Theater liegt nahe dem Ebertplatz. Es hat 99 Plätze, ein kleines Café und ein tolles Programm für Kinder, Jugendliche und Erwachsene. Hier gab es 2009 das erste Krabbeltheater Kölns. Und das

Die Kinderoper bietet Hörerfahrungen schon für die Kleinsten

ist heute genau wie damals bei Pänz ab zwei und deren Eltern ein Hit. Die Kinderstücke sind oft für Preise nominiert, drei Mal haben sie bereits den Kölner Kinder- und Jugendtheaterpreis der SK Stiftung Kultur gewonnen.

Türmchenswall 25 | www.horizont-theater.de | ab 7 € |
KAV Ebertplatz (12, 15, 16, 18) oder Bus (127, 140, 184)

Kinderoper Köln (Deutz)

Die 1996 gegründete Kinderoper der Kölner Oper ist die älteste ihrer Art in Deutschland. Von Märchen- bis Barockoper, von Klassik bis Romantik oder zeitgenössische Musik – hier kann das junge Publikum erste musikalische Hörerfahrungen auf hohem Niveau sammeln. Denn neben dem erstklassigen Opernensemble der Kölner Oper treten dort regelmäßig auch die Musiker des Gürzenich-Orchesters auf. Bis die Kölner Oper wieder in ihr Stammhaus am Offenbachplatz zurückzieht, spielt die Kinderoper im Staatenhaus (Saal 3) Klassiker wie *Räuber Hotzenplotz*, *König Arthur* und selbstverständlich *Die Heinzelmännchen*.

Rheinparkweg 1 | www.oper.koeln/de/kinderoper | Kinder bis
14 Jahre 7 €, Erw. ab 12,50 €, Gruppen 6,50 € | KVB Bhf.
Deutz/Messe (1, 9) oder Bus (150) bis Im Rheinpark oder
Bus (250, 260) bis Bhf. Deutz/Messeplatz

Tipp:
Für Schulen und Kitas stellt die Kinderoper **Begleitmaterialien** zum Singen, Basteln, Spielen und Malen.

Tipp:
Jetzt aber auch mal ein Tipp für die ganz großen Kinder: der **Phil-harmonie-Lunch.** Kostenlos den Solisten und Orchestern bei den Proben zuhören. Donnerstags ab 12.30 Uhr. Programm unter www.koelner-philharmonie.de/philharmonie-lunch/

Philharmonie Kinderkonzerte

Schon Babys unter einem Jahr genießen mit ihren Eltern Konzerte von Klassik und Jazz bis zu Weltmusik. Für Minis bis zum Vorschulalter gibt es speziell konzipierte Veedels-Konzerte: spannend, einfach, aber nicht zu simpel und natürlich zum Mittanzen und Mitsummen. Die Veranstaltungsorte für beide Veranstaltungsreihen liegen über die Stadt-Veedeln verteilt. Pänz ab 6 Jahren dürfen sogar einer speziellen Konzertreihe in der Philharmonie selber lauschen. Und auch Familienkonzerte und Familienworkshops stehen auf dem Programm des Kölner Traditionshauses am Dom.

Bischhofsgartenstraße 1 | www.koelner-philharmonie.de | Kinder bis 16 Jahre 6 €, Erw. 16 € | KVB Dom/Hbf. (5, 16,18)

Baby-Bühne (wehrli-theater)

Theater für Babys bis 14 Monate mit Ihren Eltern und ohne festen Spielort (aktuell im Freien Werkstatt Theater). Die Stücke entwickelt und inszeniert Andrea Bleikamp. Pro Vorstellung entspannen hier 24 Babys im Krabbelalter mit Mama und Papa mit Rasseln, Masken, bunten Luftballons und mehr.

Freies Werkstatt Theater | Zugweg 10 | www.wehrtheater.de und www.fwt-koeln.de | KVB Clodwigplatz (15, 16, 17) oder Bus (106, 132, 133, 142)

Hänneschen-Theater (Innenstadt)

Die Bühne am Eisenmarkt ist Deutschlands ältestes Stockpuppen-Theater. Offiziell heißt es „Puppenspiel der Stadt Köln". Und seine Protagonisten kennen alle Pänz in der Domstadt: *Hänneschen & Bärbelchen, Tünnes* und *Schäl* und den Rest der *Knollendorfer*. Besonders beliebt und immer ausverkauft ist die Karnevals-Puppensitzung. Schöner ist allerdings die Kinder-Puppensitzung. Hier kommen Pänz kostümiert und machen lautstark mit. Die Karten sind zwar auch heiß begehrt, aber zumindest ohne nächtliches Campen im Vorverkauf erhältlich. Für alle Stücke gilt allerdings: Et weed Kölsch jeschwaadt (ausschließlich).

Eisenmarkt 2–4 | www.haenneschen.de | Kinder ab 8,50 €, Erw. ab 14 € | KVB Heumarkt (1, 5, 7, 9) oder Bus (106, 132, 133)

Cassiopeia Bühne (Hohlweide)

Puppentheater mal ganz anders: Künstlerin Claudia Hann schwebt mit ihren großen Handpuppen über die Bühne, verleiht ihnen Stimme und Charakter. Sie ist sichtbar und doch wieder nicht, denn hinter Elfe „Mimi" oder „Jorinde" und „Joringel" verschmilzt sie mit dem Hintergrund. Auf dem Programm stehen auch das russische Märchen *Der Feuervogel*, Klassiker wie *Peter und der Wolf* oder die bezaubernde Geschichte *Kranichmädchen* – ein Musikmärchen nach Japanischen Motiven.

Bergisch-Gladbacher-Straße 499–501 | www.cassiopeia-buehnde.de | ab 11,30 € | KVB Holweide Vischeringstraße (3, 13, 18) oder Bus (157)

Figurentheater Köln

Puppenspieler Andres Blaschke und sein Team sind auf den Bühnen in Köln und Umland unterwegs – ein eigenes Haus haben sie nicht. Auf dem Programm stehen *Der Grüffelo, Die kleine Hexe, Petterson und Findus, Räuber Hotzenplotz* und andere Kinder-Klassiker.

www.figurentheater-koeln.de

Kindertheater Papiermond

Hand- und Stab-Puppen, Kasperle-Theater & Puppenspiel stehen auf dem Programm. Das Kindertheater ist in Köln und Umland unterwegs. Begeisterte Kinder quietschen vor Vergnügen und auch Erwachsene kommen voll auf ihre Kosten

www.kindertheater-papiermond.de

mobiles Theater SternKundt

Auch Sternkundt hat keine feste Bühne. Dafür bietet es drei mobile Bühnen und tritt immer wieder auf öffentlichen Bühnen im Stadtgebiet auf. Das Ensemble spielt von Märchen inspirierte Geschichten mit pädagogischem Konzept und Anspruch.

www.theater-sternkundt.de

Kino für Kinder:

Kölns Kinos kämpfen schon um die Kleinsten mit frühen Vorstellungen und dem **Kinderfilmfestival** in den Sommer- und Herbstferien im *Metropolis*. Seit 1989 findet im November zudem das **Kölner Kinderfilmfest Cinepänz** statt. Auf dem Programm stehen weit über hundert Vorführungen in vielen Kinos der Rheinmetropole. Dazu bieten die Veranstalter Workshops wie beispielsweise Trickfilme herstellen. www.cinepaenz.de

Bücher

Kinderbücher für Pänz gibt es eine Menge. Wir haben ein paar der schönsten mit unserer Tochter Marie getestet. Nur die Heinzelmännchen sind nicht dabei. Obwohl die schöne Parodie des Preußen August Kopisch voll auf die Faulheit der Kölner anspielt – die Zwerge in den aktuellen Bänden sind schrecklich kitschig.

Kölner Zoo – Wie geht das?

So lautet der Titel aus der Reihe Wissenswelten des Kölner Verlags J. P. Bachem. Und wer ist der Autor? Zoodirektor Theo Pagel höchstselbst. Pagel erklärt in dem Buch acht- bis zwölfjährigen Kids, warum der Bär Bäume schüttelt, Eulen nachtaktiv sind, Flusspferde eine Fußbodenheizung brauchen und Seehunde so viel fressen.

Mit guten Fotos von Erdmännchen und Elefanten, ernsten Themen wie dem Artenschutz und einigen Kuriositäten des Tierparks. Beispiel: Im dortigen Restaurant verschlingen die Besucher pro Jahr 60 000 Kilogramm Pommes. Da können solche Domstadtbuden wie *Frittenwerk* und *Pommes de Luxe* wirklich nicht mithalten. Übrigens: Als der Verlag im Zoo das Buch den Pressevertretern werbewirksam im Gelände des Clemens-Bauernhofs vorstellte, war Pagels Tochter Anne gerade deren Praktikantin. Und gaaaanz stolz auf den Vater.

Bachem Verlag | 64 Seiten | 16,95 €

Theo Pagel ist der Herr der Tiere im Zoo, hier stellt er sein Buch vor

Köln – Wie geht das?

Wie arbeitet die Feuerwehr, wer regiert die Domstadt, was schützt vor Hochwasser? Und wer leert die rund 20 000 Papierkörbe? Das große Buch mit vielen Bildern von Autorin Daniela Mutschler liefert darauf spannende Antworten. Der Band eignet sich für Kinder zwischen 8 und 12 Jahren und ist zudem umweltfreundlich produziert: mit Papier aus nachhaltiger Forstwirtschaft, Farben auf Pflanzenölbasis und mit lösungsmittelfreiem Klebstoff.

Bachem Verlag | 114 Seiten | 16,95 €

Knirps & Riese:
Diese **Buchhandlung** in Köln-Ehrenfeld ist ganz auf kleine Fans eingestellt und rappelvoll mit Kinderbüchern und Spielzeug. Sie residiert passenderweise in der Gutenbergstraße (Nummer 30). www.knirps-und-riese.de

Ben Redelings FC-Album

Autor Ben Redeling hat in dem Band die lustigsten Fotos und Sprüche rund um den 1. FC Köln zusammengetragen. Für Effzee-Fans schon im frühesten Alter spannend wegen der Bilder. Aber auch die Zitate sind super. Lukas Podolski: „Doppelpass alleine? Vergiss es". Super Geschenk für FC-Fans.

Verlag Die Werkstatt | 160 Seiten | 9,99 €

Mein kunterbuntes Kinderkochbuch

Pilze auf der Wiese, Vitamin-Spieße und Spaghetti-Monster. Das Rezeptbuch für Pänz ab 5 Jahren ist so knallbunt wie überraschend. Vor allem die Zubereitung ist einfach und macht Spaß, ob in der Domstadt oder anderswo. Für Kindergeburtstage beispielsweise bietet sich der Hähnchenstrand an. Das weiße Fleisch stellt den Sand da, der Eisbergsalat die Düne darüber, die Kirschtomaten die Köpfe der Sonnenanbeter und die Orangenschale am Holzspieß gibt den Sonnenschirm.

Xenos Verlag | 96 Seiten | 7,99 €

Was hast Du in Deiner Windel?

Bei Kindern zwischen 2 und 4 Jahren der Hit. Auf jeder dicken Pappseite verrät eine Klappe, was Schaf Sari, der Mops und das Pferd alles in die Pampers machen. Bis auf Hase Henri, der bei Muh, Pieps und Mäh großes Erstaunen hervorruft. Denn er macht ins Klo. Für die Kleinen ziemlich witzig.

Loewe Verlag | 16 Seiten | 5,89 €

FERIEN-ANGEBOTE

Akrobatik im Zirkuszelt lernen, in der Kinderstadt als Journalist arbeiten oder erforschen, was mit dem Müll aus den Abfallwagen passiert: Das Kölner Ferienprogramm hat für alle Pänz ein tolles Angebot für spannende Ferien. Garantiert ohne Langeweile.

Tipp:

Die **Stadt Köln** veröffentlicht jedes Jahr Ferienangebote online und zum Download unter www.stadt-koeln.de/leben-in-koeln/freizeit-natur-sport/ferien-freizeit/ferienprogramm. Auf knapp 70 Seiten mit Kursen, Freizeiten, Sportcamps, Workshops und Theater. Vor allem für die Sommerferien.

AWB

Der Müll landet im großen Wagen der AWB – und dann? Kinder ab 5 Jahren können das regelmäßig in den Ferien herausfinden. Sie dürfen auf dem Betriebshof der AWB in Ehrenfeld die Müllladestation mit Kran, Müllfahrzeugen, Kehrmaschinen, Salzlager und mehr begutachten.

Abfallwirtschaftsbetriebe Köln | Maarweg 271 | www.awbkoeln.de | kostenlose Teilnahme, Anmeldung erforderlich

Kölner Zoo

Für Pänz unter den Zoobesuchern gibt es in den Ferien ein offenes Programm mit täglicher Zoosafari. Dazu kommen Wochenkurse (um die 150 € inkl. Mittagessen) und Tageskurse (rund 32 € inkl. Mittagessen). Kleine Forscher erkunden spielerisch den Zoo, lernen seine Bewohner und deren Gewohnheiten kennen. Etwa die der brandgefährlichen Philippinen-Krokodile: Wie ein zerstrittenes Ehepaar haben sie nur kurz und selten Sex. Und suchen sofort danach wieder das Weite.

Riehler Straße 173 | www.koelnerzoo.de | regulärer Eintritt Kinder 4–12 Jahre 9 €, Erw. 19,50 €

Führungen & Stadtspiele

Klingende Namen wie *Römer, Ritter & Co.* oder *Von kleinen Sünden und schweren Strafen* laden Pänz zwischen 6 und 10 Jahren zum Mitmachen und Entdecken ein – aber bitte in Begleitung von Erwachsenen. Inside Cologne existiert als private Agentur seit 1992. Nebenbei verkaufen die findigen Besitzer in ihrem Mühlheimer Geschenkeladen namens *Tinnef* übrigens so Niedliches wie Zombie-Püppchen.

Düsseldorfer Straße 47 |
www.insidecologne.de | Kosten ca. 7,50€,
Karten bei KölnTicket

Kinderkultursommer

Seit mehr als 20 Jahren gibt es den Kinderkultursommer am Zirkus- und Artistikzentrum zwischen Riehler Straße und Rhein. Zu den Kursangeboten gehören unter anderem Steinbildhauerei, Zirkus Spezial, Luftakrobatik, Graffiti & Street Art, selbst gemachte Kurzfilme, Malen und Zeichnen im Zoo, Tanz und Fotosafaris. Organisatoren sind das Zirkus- und Artistikzentrum (ZAK), der Malraum Nippes und die Kölner Spielewerkstatt e. V.

An der Schanz 6 | www.kikuso.
de | Workshops kosten pro
Woche ca. 160 bis
180 €, Ermäßi-
gungen sind
möglich.

Mini Nippes

In Budapest gab es einst einen Kinderstaat. Köln ist weit davon entfernt, doch immerhin bietet die Domstadt auch etwas zum Thema Kinder an die Macht.: Rund 150 Kinder bevölkern im Sommer zwei Wochen die „Kinderstadt". Die kleinen Bürger bekommen einen Bürgerausweis, wählen einen Bürgermeister, suchen sich eine Arbeit bei der Arbeitsagentur aus, beziehen Lohn. Sogar ein Finanzamt gehört dazu.

Siebachstraße 85 | www.mini-nippes.de |
Kosten pro Woche ab 65 €

> **Tipp:**
> Für Pänz gibt es in den **Kölner Museen** jede Menge Mitmacht-Angebote zum Staunen, Entdecken und kreativen Gestalten.
> www.museen-koeln.de

Tolle Kulisse: Hohenzollernbrücke, Fernsehturm und Dom – aber Köln hat natürlich noch viel mehr zu bieten!

Köln erleben

Mit der Seilbahn über den Rhein schweben, den Dom mal aus einer neuen Perspektive sehen, oder mit der Chesna über die ganze Stadt fliegen. Wir haben das alles mal für Sie ausprobiert. Und beim Rundflug versehentlich für unsere Kleine die Ohrenschützer vergessen. Machen Sie das bloß nicht! Wem das alles zu luftig ist: Eine Fahrt mit dem *Müllemer Böötche* ist genauso attraktiv wie die vielen Feste der Domstadt, bei denen alle auf dem Boden bleiben. Naja, fast alle.

Köln von oben

Der Blick von den Kranhäusern im Rheinauhafen bleibt leider nur Auserwählten vorbehalten. Dafür ist der Blick vom Kölner *TrianglePanorama* genauso spektakulär. Auch ein Parkhaus gehört zu den Top-Aussichtspunkten der Stadt. Richtig hoch hinaus geht es mit Flugzeug oder Heißluftballon. Und Pänz lieben die Seilbahn über Rhein und Zoobrücke mit ihren bunten Gondeln.

Parkhausdach Galeria Kaufhof

Das Kaufhof-Parkhaus aus den 1950er-Jahren bietet eine Überraschung auf dem Dach. Denn hier haben Schaulustige einen traumhaft schönen Blick über die Dächer von Köln – natürlich inklusive Dom, der Schildergasse unten und dem (von oben nicht ganz so eiförmigen) Weltstadthaus. Am besten den Aufgang in der Seitenstraße „An St. Agatha" von außen bis Deck 6 benutzen und zwischendurch schon mal nach oben blicken: Der Treppenturm besticht mit eleganter Spirale, verglastem Aufgang und runder Kuppel.

Cäcilienstraße 0 | P1 werktags 7 Uhr bis 30 Min. nach Geschäftsschluss, P2 bis 24 Uhr, So/Fei 9–24 Uhr | KVB Neumarkt (1, 3, 4, 7, 9, 16, 18) oder Bus (136, 146) oder Heumarkt (1, 5, 7, 9) oder Bus (106, 132, 133)

Köln-TrianglePanorama

Einen der schönsten Ausblicke auf Kölns Altstadtsilhouette bietet seit 2006 die 400 Quadratmeter große Plattform des *TrianglePanorama* im rechtsrheinischen Deutz. Das 103,2 Meter hohe Gebäude hat 29 Etagen. Für den spektakulären Rundblick auf die Dommetropole müssten Besucher 565 Stufen steigen. Aus Sicherheitsgründen dürfen sie allerdings nur einen der vier Aufzüge benutzen. Hinweis: Weiberfastnacht, Rosenmontag, bei den Kölner Lichtern und bei Unwetter geschlossen.

Ottoplatz 1 | www.koelntrianglepanorama.de | Mai–Sep. Mo–Fr 11–23, Sa/So/Fei 10–23 Uhr, Okt.–Apr. Mo–Fr 12–20, Sa/So/Fei 10–20 Uhr | Kinder bis 12 Jahre frei, Erw. 3 € | KVB Bhf. Deutz/Messe (1, 9, S 11, S 6, S 13, S 19) oder Bus (150)

Tipp:

Im Asia-Restaurant **Mongos** im Erdgeschoss des *TrianglePanorama* können Gäste vom langen Buffet wählen. Flinke Köche bereiten daraus vor den Augen der Gäste ein schmackhaftes Gericht. Zur Auswahl steht auch typisch asiatisches Street-Food: Heuschrecken und Mehlwürmer.

Südturm des Kölner Doms

533 Stufen geht es auf einer engen Wendeltreppe den Südturm des Kölner Doms hinauf: ohne Aufzug. Beim Aufstieg können Besucher einen Blick auf *d'r decke Pitter* werfen - die größte freischwingende Kirchenglocke der Welt – mit 24 000 Kilo Gewicht und 3,22 Metern Durchmesser. Die letzten Meter führen dann über eine Metalltreppe zur Aussichtsplattform in 97 Metern Höhe. Hier gibts die Belohnung: Einen Rundblick über die ganze Stadt – bei gutem Wetter bis hin zum Siebengebirge. Dann folgen 533 Stufen Abstieg und voraussichtlich einen ordentlichen Muskelkater für Untrainierte. Hinweis: Letzter Aufstieg 30 Minuten vor Schluss.

www.koelner-dom.de | Jan.-Feb., Nov.-Dez. 9–16, März–Apr., Okt. 9–17, Mai–Sep. 9–18 Uhr | Eintritt 4 €, erm. 2 € | KVB Dom/Hbf. (5, 16, 18)

Tipp:
Einen großartigen **Panoramablick** auf Köln bietet sich an vielen Stellen des rechten Rheinufers, beispielsweise den **Poller Wiesen** oder dem **Rheinpark**. Und besonders schön ist auch der Ausblick von den **Kölner Rheinbrücken**.

Osmans30 im KölnTurm

Im 30. Stock des *KölnTurms* im Media-Park bieten zwei Terrassen und natürlich die Fenster von Restaurant & Weinsalon einen wunderbaren Blick auf Dom, Mediapark und Stadt. Mit guten Augen können Kölner und Besucher der Domstadt bei klarer Sicht sogar das Siebengebirge oder den Düsseldorfer Fernsehturm erspähen. Sonntags bietet das *Osmans30* von 11 bis 14 Uhr einen internationalen Brunch – aber bitte vorher reservieren.

Im Mediapark 8 | www.osman-cologne.de | Mo–Do 18.30–24, Fr/Sa bis 1, So bis 23.30 Uhr | KVB Christophstraße/Mediapark (12, 15)

SkyLounge Savoy Hotel

Auf der Dachterrasse des Savoy Hotels in der Turiner Straße relaxen Große beim Cocktail, Pänz bei einer Limo. Und für alle bietet die SkyLonge Steaks und Seafood vom Grill und einen grandiosen Ausblick auf Köln und den Dom – völlig unverbaut. „Welcome to Heaven", sagen die PR-bewussten Betreiber und nehmen Reservierungen an (Tel. (02 21) 1 62 30). Es gibt unter anderem ein Sky-Lounge-BBQ mit Champagner für 70 € pro Person.

Turiner Straße 9 | www.savoy.de | wetterabhängig tgl. 12–22 Uhr | KVB Dom/Hbf. (5, 16, 18)

Seilbahn: bei schönem Wetter unterwegs, bei starkem Wind aber nicht

Kölner Seilbahn

Die Gondeln sind meist bunt, oft voller Werbung – manchmal sogar für die Polizei. Die Kölner Seilbahn ist die erste ihrer Art über einem Fluss. Seit 1957 in Betrieb, befördert sie kleine und große Gäste vom Zoo über Vater Rhein und die Zoobrücke bis in den Rheinpark. Der Blick aus den Gondeln ist spektakulär: Dom, Altstadt, Rhein und Rheinbrücken, der Rheinauhafen mit seinen Kranhäusern und – sehr zum Ärger der Badegäste – die Liegewiese der *Claudius Therme* (▶ Seite 35).

www.koelner-seilbahn.de | einfache Fahrt: Kinder 4–12 Jahre 2,50 €, Erw. 4,50 €, Hin- und Rückfahrt: 3,70 €/6,50 € | März–Anfang Nov. 10–18 Uhr (letzte Fahrt 17.45 Uhr) | Abfahrt Zoo: Riehler Straße 180 | KVB Zoo/Flora (18) oder Bus (140) oder Abfahrt Rheinpark: Sachsenbergstraße/Ecke Auenweg | Bus (150, 250, 260) bis Thermalbad

Heißluftballon

Oft in Dutzenden gleiten bunte Heißluftballons an schönen Tagen über die Domstadt. Rasante Geschwindigkeit: Fehlanzeige. Dafür helfen alle Ballonfahrer bei Start und Landung mit und genießen einen sensationellen Blick von oben auf Köln, den Rhein und das Umland. Als besonderes Bonbon lockt der Aufstieg in den Ballonadelsstand mit klangvollem Titel und Urkunde. Eine Tradition aus den Anfängen der Ballonfahrt. Denn um 1800 war – von Ludwigs XVI. Gnaden – nur echten Blaublütern die Fahrt durch die Lüfte gestattet.

Skytours Ballooning GmbH

www.skytours-ballooning.de | Kinder bis 16 Jahre ab 135 €, Erw. ab 199 €

Cologne Ballooning GmbH & Co. KG

www.gillaux-ballooning.de | Kinder bis 12 Jahre ab 159 €, Erw. ab 199 €

AERONAUTICTEAM Köln

www.aeronautic.de | Kinder bis 12 Jahre ab 159 €, Erw. ab 199 €

ABC Ballonfahrten | www.ballonfahren.org | ab 164 €

Rundflüge

30 Minuten kosten schnell mehr als 100 € pro Nase. Und manchmal bewegen sich die Angebote gefühlt am Rande der Legalität. Besonders, wenn der Pilot seinen Gästen auf dem Weg zur Maschine eintrichtert, wo und wann er sie kennengelernt hat und dass das heute ein Privatflug sei. Doch der Flug selbst ist ein echtes Highlight mit unvergesslicher Aussicht auf Köln von oben.

flycologne.de

www.flycologne.de | Flugzeug: Cesna 172 | Start: Bonn/Hangelar | Dauer: 30 Min. | 2 Personen ab 170 € (3. Fluggast +30 €)

Rundflug Deutschland, Wiesbadener Flugdienst Kunkel KG

www.rundflug-deutschland.com | Flugzeug: Cesna 172c | Start: Bonn/Hangelar | Dauer: ca. 30 Min. | ab 59 €

Hubschrauberflug, Tobias von Wolffersdorff

www.hubschrauberflug.de | Hubschraubertypen: Robinson R22, Robinson R44, Bell 206 Jet Ranger | Start: Bonn/Hangelar | Dauer: 20 Min. | ab 145 €

ACC Flug

www.ac-cologne.com | Start: Bonn/Hangelar | Flugzeug: Diamond Star DA 40-180 (IFR) | Dauer: 30 Min. | ab 185 €

Tipp:
Minis bleiben besser am Boden. Denn in einer Cessna ist es beispielsweise ordentlich laut und die Kopfschützer sind in der Regel erst für größere Kinder und Erwachsene geeignet.

Schifffahrten & Fähren

Panoramafahrten auf dem Rhein finden auch Kids toll, besonders wenn es auf dem Schiff einen Spielplatz gibt. Und in Zündorf dürfen sie sogar mit einem waschechten Krokodil nach Köln-Weiß übersetzen. Ein echtes Highlight für Pänz sind die Piraten-Touren auf der KD mit Wiki, Pipi und Co. Dann heißt es wie im Song der Band Kasalla: „Pirate, weld un frei, dreimol Kölle Ahoi!"

Köln Düsseldorfer (KD)

Panoramafahrten in Köln, Loreley-Touren, Burgenfahrten und sogar ganz besondere Kindertouren stehen auf dem Programm der *Köln Düsseldorfer*. Einige Schiffe haben sogar einen Kinderspielplatz an Bord. Doch bei den tollen Aussichten sitzen auch Kids lieber auf dem Deck und staunen beim Anblick des Doms, der Altstadt und des Rheinauhafens. Tipp: Weinberge am Ufer, viele Burgen und natürlich die berühmte *Loreley* – dafür starten Eltern mit Kids die Schiffstour am besten in Koblenz, so müssen Pänz die Tour nicht als zeitliche Tortur erleben.

www.k-d.com/de | einstündige Panoramafahrt Köln Kinder 6 €, Erw. ab 10,40 €, | Abfahrtszeiten, -orte und weitere Preise im Netz | Tickets online oder beim KD-Ticket-Office, Frankenwerft/Am Leystapel | KVB Heumarkt (1, 5, 7, 9) oder Rathaus (5)

Tipp:
Ferienzeit? Kostüme an, Ticket buchen und ab zur **KD-Piraten-Märchentour**. Pänz zwischen 5 und 11 toben an Bord mit ihren Lieblingshelden: Wiki, Pipi Langstrumpf oder der Prominenz aus dem Märchenland. Clowns und Zauberer, Kinderschminken, Hüpfburg, Bratwurst oder Pizza sorgen für einen gelungenen Trip voller Spaß und Erinnerungen.

Müllemer Böötche

Die Betreiber behaupten: Wir sind das traditionelle Müllemer Böötche aus dem bekannten Volkslied von Karl Berbuer. Das ist natürlich Legende: Die alte Fährverbindung nach Mülheim endete mit der ersten Schiffsbrücke 1888. Trotzdem macht Pänz eine Fahrt mit der *MS Colonia* oder der *MS Willi Ostermann* richtig Spaß. Die Rundfahrten dauern rund eine Stunde. Start an der Hohenzollernbrücke über Vater Rhein mit möglichem Aufenthalt an Zoo/Seilbahn und in Köln-Mülheim, Verzällcher (kölsch: Erzählungen/Geschichten) und Infos über die Sehenswürdigkeiten auf Deutsch und Englisch inklusive. Und natürlich gibt es getreu dem Namen auch wieder einen Fährbetrieb von der Hohenzollernbrücke nach Mülheim und zurück. Na dann: Heidewitzka, Herr Kapitän ...

www.dampfschiffahrt-colonia.de | Rundfahrt Kinder 4–13 Jahre 5,90 €, Erw. ab 10,10 €, Sonderpreise u. a. für Familien | Abfahrt Hohenzollernbrücke: KVB Dom/Hbf. (5, 16, 18)

Tipp:
Besonders schön ist die Rheintour bei den **Kölner Lichtern**. Die Fahrt inklusive Essen und Trinken ist allerdings ein teurer Spaß: Tickets kosten ab 110 € pro Person.

Kölntourist Personenschifffahrt

Panorama- und Hafenrundfahrten in Köln, Themenfahrten wie die „Sieben-Brücken-Tour" oder eine „Kölsch-Tour": Anekdoten und Anekdötchen und sogar Tagestouren bis Linz stehen auf dem Programm. Mit KölnTou-

Bötchen gucken an der Zündorfer Groov

rismus hat das Unternehmen übrigens nichts zu tun – auch wenn es zum Verwechseln kling. Auf vier verschiedenen Schiffen können Kids in Begleitung die Umgebung vom Rhein aus erkunden: *MS Rheinland*, *MS Rheinperle, MS Rheintreue* und *MS RheinCargo*. Übrigens: Wenn Mama und Papa sich noch nicht getraut haben: Das geht auch an Bord – sogar standesamtlich.

www.koelntourist.net | Fahrtdauer: ab 1 Std. | Kinder ab 4 Jahre 5,90 €, Erw. ab 10,10 € | Abfahrten ab Anlegebrücke 10, Dom/Hbf. | KVB Dom/Hbf. (5, 16, 18)

Strolch (Musical Dome–Messe/Tanzbrunnen/StaatenHaus)

Von der Altstadt zur Messe laufen die Leute üblicherweise zu Fuß über die Hohenzollernbrücke. Auf dem Weg sehen Kids und Erwachsene tausende Liebesschlösser: Gesamtgewicht über 22 Tonnen. Eine Alternative zum Laufen bietet die kleine Rheinfähre *Strolch*. Sie setzt vom Konrad-Adenauer-Ufer zu Messe bzw. Tanzbrunnen über. Allerdings verkehrt sie nur an Messe-Tagen, bei Veranstaltungen und seit 2016 als Opernfähre 60 Minuten vor und 30 Minuten nach Vorstellungen. Auch bei schönem Wetter fährt der Strolch ab und an. Verlass ist darauf allerdings nicht.

Tel. (02 21) 38 47 38 oder Tel. (01 77) 4 98 00 59 | Ostern–Okt. | Hin-und Rückfahrt 3 €, mit Opernticket 1,50 € | Abfahrt Konrad-Adenauer-Ufer (Höhe Musical Dome) oder Rechtsrheinische Kennedy-Ufer (StaatenHaus)

Krokodil (Zündorf–Weiß)

Ein Anleger befindet sich an der Halbinsel Groov in Porz-Zündorf, der andere im rechtsrheinischen Rodenkirchen-Weiß. Hier setzt das von Kindern heiß geliebte *Krokodil* von April bis September täglich Menschen, manchmal Hunde und oft Fahrräder über. In Hauptzeiten unterstützen die weit weniger bekannten Rheinfähren *Krokolino* und *Frika*. Die Fahrt hin und zurück dauert mit Wartezeit rund eine halbe Stunde und ist sogar für ganz kleine Pänz ein aufregendes Erlebnis.

www.faehre-koelnkrokodil.de | Apr.–Sep. Mo–Fr 11–19, Sa/So/Fei 10–20, März/Okt. Sa/So/Fei 10 Uhr-Sonnenuntergang | einfache Fahrt: Kinder 4–6 Jahre 1 €, Erw. 2 €

Tipp:

Die **Zündorfer Groov** (▶ Seite 17) ist allemal einen Ausflug wert. Hier gibt es einen kleinen Badestrand direkt am Rhein, einen Tretbootverleih (▶ Seite 45), eine Minigolf-Anlage, einen Jachthafen zum Böötche gucken, viel Grün für Spaziergänge oder Radtouren und Restaurants mit Sommerterrasse.

Zahnlos, aber effektiv: die Fähre Krokodil

Rheinfähre Langel–Hitdorf

Beim Rhein-Kilometer 705,3 setzt seit 1662 die *Fritz Middelanis* zwischen Köln-Langel und Leverkusen Hitdorf über. Sie ist eine echte Alternative zur immer noch reparaturbedürftigen Leverkusener Brücke, besonders für bis zu 12 Tonnen schwere Brummis. Menschen, Hunde, Fahrräder, bis zu 16 Autos und Motorräder befördert die Fähre mit ihren 80 PS an 362 Tagen über den Rhein. Nur Heiligabend, am 1. Weihnachtstag und Silvester steht auch hier der Betrieb still. Wer nach Leverkusen Hitdorf übergesetzt hat, sollte mal das kleine Kran-Café besuchen (▶ Seite 101). Auch wenn es nicht viel mehr als Apfelsaft, Knackwürstchen und Kölsch gibt, der Kran ist klasse.

www.hgk.de/leistungen/rheinfaehre | Fahrzeit: 5 Min., Abfahrt ca. alle 15 Min. |
Mo-Fr 6-max. 20.15 Uhr im Sommer, Sa/So/Fei kürzere Betriebszeiten |
einfache Fahrt: Kinder 6-14 Jahre 0,50 €. Erw. 1,20 €

Feste & Events

Da simmer dabei: ob Karneval oder St. Martin, Straßenfest oder Osterfeuer im Hohen Dom zu Köln, ungezwungen oder festlich. Kölner und natürlich kölsche Pänz feiern gerne und lieben alle Arten von Umzügen – sogar Prozessionen wie Fronleichnam auf dem Roncalliplatz oder die Mülheimer Gottestracht, ein Schiffskonvoi auf dem Rhein. Und natürlich gehören auch der Sankt Martinsumzug im November oder die Karnevalsumzüge dazu.

Straßen-Karneval

Das erste Highlight in Köln ist jedes Jahr der Beginn des Straßenkarnevals an Altweiber. Bunte Kostüme vom Flickenclown bis zum Räuber, Kölsch Musik von Kasalla und Cat Ballou, Umzüge – und leider auch jede Menge Schnapsleichen – prägen in den tollen sechs Tagen bis Aschermittwoch das Stadtbild der Rhein-Metropole. Für Eltern mit kleinen Kindern sind die Schull- un Veedelszöch (Schul- und Viertel-Züge) wesentlich entspannter als der wummig-laute Rosenmontagszug.

Die Schöne und das Biest in Brautpaar-Pose vor der Flora

Osterfeuer

Dat ehemals hillige Coellen ist noch heute geprägt von seinen katholischen Traditionen. Und selbstverständlich gehört der Gang zur Ostermesse dazu. Für Kinder spannend und auch für Erwachse mystisch sind die Osterfeuer in und um Köln. Besonders schön ist das im Kölner Dom. Der Diakon des Doms entzündet es während des Pontifikalamtes ab 22.30 Uhr am Ostersamstag in der Turmhalle. Langsam wandert das Licht bis zu Kardinal und Altar. Von dort aus verbreitet es sich von Gläubigem zu Gläubigem bis am Ende rund 3 500 Kerzen den ansonsten stockfinsteren Dom innen in flackerndes Licht tauchen – als Symbol für das welterhellende Licht Christi.

Hoher Dom zu Köln | www.koelner-dom.de | Ostersamtag 22.30 Uhr | KVB Dom/Hbf. (5, 16, 18)

Tipp:

Ostereier sammeln ist der Hit bei Kölner Pänz in den vielen Parks und Grünanlagen. Schönes Wetter vorausgesetzt. Alljährlich errichtet der Kölner Zoo das **Osterdorf Lampeshausen** – mit Osterhäschen (Kaninchen) und Küken. Dazu verteilen die Mitarbeiter so lange der Vorrat reicht bunte, hartgekochte Eier. Von Karfreitag bis Ostermontag.

Kölner Lichter

Jedes Jahr an einem Samstag Mitte Juli finden die Kölner Lichter statt. Auf der Bühne am Tanzbrunnen läuft kölsche Live-Musik, kurz vor Einbruch der Dunkelheit startet in Porz ein Konvoi mit rund 50 festlich beleuchteten Schiffen. Und gegen 22.30 Uhr beginnt das spektakuläre musiksynchrone Feuerwerk.

Bootstickets gibt es über: www.koelner-lichter.de

Köln Lichter:

Jedes Jahr sind beide Rheinufer hoffnungslos überfüllt. Besonders für Familien mit Kindern heißt das: früh da sein oder direkt Tickets für eines der vielen Rheinschiffe kaufen und das Spektakel entspannt vom Wasser aus genießen.

Straßenfeste

Ob *le bloc* im Belgischen Viertel, das *Körnerstaßenfest* in Ehrenfeld oder das *Kölner Mittsommerfest* vor dem Schokoladenmuseum: In der warmen Jahreszeit ist in Köln fast immer was los – in jedem der 86 Veedel.

Infos und Termine zum Beispiel unter: www.koeln.de

Christopher Street Day

Auch wenn kleine Kids die Hintergründe vielleicht erst später richtig verstehen, die alljährliche CSD-Parade im Juli ist auch für sie ein Highlight: Schrille Kostüme, bunte Federboas, laute Musik locken kleine und große Zuschauer gleichermaßen. Der Zoch startet vom rechten Rheinufer über die Deutzer Brücke und endet in der Innenstadt. Die Teilnehmer protestieren für die Rechte von Schwulen, Lesben, Bisexuellen und Transgendern. Außer vielen bunten Eindrücken bekommen Kids hier auch eine wichtige „Lektion" in Sachen Toleranz.

Und genau darum ging es 1969 in New York, als erstmals Homosexuelle gegen die Willkür der US-Polizei auf die Straße gingen. Der CSD alias Cologne Pride ist heute eher eine Show. Und die „Hetis" in Köln angeblich eh schon in der Minderheit.

Hintergründe, alle Termine und mehr unter: www.colognepride.de

Tipp:
Neben den Ausstellungen laufen jede Menge Events in und um die Games, beispielsweise **Skateboard-Workshops**, **retro gaming** und der **gamescom campus**, an dem auch das Jugendforum NRW mitarbeitet.

gamescom

Jedes Jahr Ende August beobachten lebenserfahrene Fahrgäste in der KVB einigermaßen verwundert die vielen Kids und Jugendlichen mit den bunten Armbändchen. Denn diese sprechen meist in technischen Hieroglyphen und tippen sich die Finger dabei auf ihren Handys wund. Die meisten gehören zu den rund 350000 Besuchern der *gamescom*, der weltgrößten Computer- und Videospielmesse. Über die bunten Bändchen sind die Kids allerdings meist wenig begeistert, denn sie stehen für das Alter des Trägers und beschränken den Zugang zu den „wirklich coolen" Games. Für die Kleinen gibt es den „juniors'club". Hier basteln, hüpfen und schminken sich die Kids unter Aufsicht professioneller Betreuer.

www.gamescom.de | Kinder (4–6 J.) frei, Kinder (7–11 J.) 7 €, Erw. 13,50 €, erm. 8 € | KVB Messe/Deutz (S 6, S 11, S 12, S 13, S 19)

lit.COLOGNE Kids (lit.kid.cologne)

Im März ist (Vor-)Lesezeit. Bis zu 175 Veranstaltungen inklusive eigenem Programm für Pänz finden dann in Köln statt, auch schon mal im Dom und auf den Rheinschiffen. Für die Kleinen gibt es dann so schöne Lesungen wie

Ritter Rost und der Schrottkönig oder auch *Nulli und Priesemut op Kölsch*.

2006 verkauften die Veranstalter die Karten für eine Deutschstunde in der *LANXESS arena* restlos aus und bekamen dafür einen Eintrag ins Guinness-Buch der Rekorde. Der Vorverkauf startet alljährlich Anfang Dezember. Dann geben die Veranstalter auch erst das Programm bekannt.

www.litcologne.de

Tipp:
Keine Karten bekommen? Auf der offiziellen Veranstaltungsseite von lit.COLOGNE gibt es eine **Tauschbörse** und mit ein wenig Glück auch längst vergebene Tickets.

Elfter im Elften & St. Martin

Am 11.11. um 11.11 Uhr startet die Karnevals-Session. Am selben Tag – manchmal auch schon ein paar Tage davor – ziehen viele Kölner Pänz bewaffnet mit selbst gebastelten Laternen durch die Straßen und singen. Denn der 11.11. ist auch der Namenstag des Heiligen St. Martin. Traditionell bekommen die Kleinen dann zum Aufwärmen heißen Kakao und natürlich einen Weckmann. Erwachsene gönnen sich eine Martinsgans oder nach alter rheinischer Tradition (Gänse konnte sich damals nicht jeder leisten) einen deftigen Döppekooche aus geriebenen Kartoffeln, Zwiebeln, Ei und ordentlich Speck.

Termine der Martinsumzüge in der Print- und Onlineausgabe der regionalen Presse |
Döppekooche-Rezept: www.koelnreporter.de/lecker/rezepte-a-z/doeppekooche.html

Weihnachten

Die Kölner Weihnachtsmärkte vom Markt der Heinzel bis zum Hafenweihnachtmarkt stimmen ab Ende November auf die Adventszeit ein (▶ Seite 28/29). Besinnlicher und zum Nachdenken anregend ist der alljährliche Kölner Krippenweg. Über 100 Krippen aus verschiedenen Epochen und Kulturen, von Künstlern oder sogar von Kindern gefertigt, verteilen sich quer durch die Stadt. Sie stehen in Kirchen, Schaufenstern, dem Bahnhof oder auf den Weihnachtsmärkten am Rudolfplatz oder Neumarkt. Für Kinder (3–6 oder ab 7 Jahren) gibt es spezielle Führungen. Rechtzeitig anmelden, denn die beliebten Touren sind schnell ausgebucht.

Tel. (02 21) 6 77 87 27–0 | www.koelner-krippenweg.de |
Kinder 3–14 Jahre 3,50 €, Erw. 10 €

Stadtspaziergänge & Führungen

KölnTourismus, www.entdecke-deine-stadt.de, www.rent-a-guide.de: Sie alle bieten Kinderführungen durch Köln an, aber meist nur für Gruppen und entsprechend teuer. In vielen Museen können Kinder an Rallyes teilnehmen oder spezielle geführte Touren mitmachen. Oder aber Erwachse gehen selber mit den Pänz auf Entdeckungsreise. Zum Beispiel zum Heinzelmännchen-Brunnen. Loss jon.

colonia prima

Pänz begeben sich auf Heinzelmännchen-Tour, folgen den Spuren von Römern, Rittern und Pfeffersäcken, entdecken Mittelalterliches oder gehen Kölner Sagen auf die Spur. Die Führungen für Kinder zwischen 6 und 10 Jahren haben Namen wie „Komm mit ins Mittelalter" und „Spukalarm im Heiligen Köln".

www.colonia-prima.de | Dauer 1,5 Std. | Kinder ab 5 €, Erw. ab 7,50 € | Treffpunkt i. d. R. Kreuzblume am Domhauptportal | KVB Dom/Hbf. (5, 16, 18)

DOMFORUM

Unter fachkundiger Anleitung entdecken Kinder und Jugendliche den Dom. Besonders spannend für Kinder zwischen 6 und 12 sind spezielle Kinderführungen für Spürnasen wie: „Unterwegs zu den Heiligen drei Königen", „Dom für Pänz", „Ritter, Drachen, edle Frauen" oder „Auf der Suche nach den Geheimnissen des Doms". Das Domforum fungiert im Kern als Besucherzentrum des Doms und befindet sich gegenüber dem Westportal. Oben im Gebäude residiert übrigens das Domradio als Hörfunksender des Erzbistums Köln. Mit „direktem Draht nach oben".

Domforum | Domkloster 3 | 50667 Köln | www.domforum.de | „Dom für Spürnasen": Dauer ca. 1 Std., Kinder. ab 4 €, Erw. ab 6 € | weitere Führungen und Veranstaltungen auf der Webseite | KVB Bresslauer Platz (16, 18) oder Bus (132, 133)

● Vorschläge für selbstorganisierte Touren
Auf den Spuren der Heinzelmännchen

„Wie war in Köln es doch zudem, mit Heinzelmännchen so bequem." Das berühmte Gedicht des Berliners August Kopisch aus dem Jahr 1836 kennen viele Kinder. Doch wo waren die Wichte aktiv? Auf Spurensuche sollten sich

Der Heinzelmännchen-Brunnen erzählt die Geschichte der kleinen Wichte

Pänz natürlich in die Altstadt Kölns begeben: Vor dem Traditions-Brauhaus *Früh* (am Hof 12–14) steht der bekannte Heinzelmännchen-Brunnen und erzählt die Geschichte in Bildern.

Beim Dombau haben die Heinzelmännchen angeblich auch geholfen – das Ergebnis ragt direkt gegenüber des Brunnens in den Himmel. Und beim Anblick der Häuser, Gassen und Plätze in der Altstadt können alle raten, wo denn nun Küffner oder der berühmte Schneider mit seinem Weib wohl gelebt haben mögen.

Heinzelmännchen-Sage und Gedicht zum Nachlesen: www.koelnreporter.de/paenz/sagen-und-maerchen/heinzelmaennchen.html, Infos zur Altstadt: www.stadt-koeln.de | KVB Köln Hbf. (5, 16, 18)

Das römische Köln

Vor dem Dom – oft von Touristen übersehen – steht eine Konstruktion des kleinen Bogens des römischen Nordtores (der große ist im Römisch Germanischen Museum untergebracht). Jetzt lohnt ein kleiner Abstecher ins Parkhaus am Dom/Eingang gegenüber KölnTourismus-Shop. Hier unter der Domplatte auf der ersten Parkhausebene entdecken Besucher Reste der beeindruckenden Römischen Stadtmauer – leider ohne jegliche Kennzeichnung. Weiter geht es zum Römisch Germanischen Museum (▶ Seite 61). Wer nicht reingehen möchte, kann das Dionysos-Mosaik auch von Außen bestaunen. Es ist 1941 mitten im Zweiten Weltkrieg entdeckt worden, als die

Eigelstein: Kölner Kiez par excellence und auch immer einen Spaziergang wert

Kölner neben dem Dom einen Luftschutzkeller einrichteten. Ebenfalls von außen sichtbar ist das riesige Grabmal des Poblicius.

Nächste Station ist die Römische Straße – irrtümlich oft als Hafenstraße bezeichnet. Anschließend können Interessierte in der kleinen Budengasse eine Blick auf die Reste des römischen Prätoriums werfen. Nächster Stopp ist der Theo-Burauen-Platz mit einem drei Meter langen Stück vom römischen Abwasserkanal. Danach bestaunen Pänz und Erwachsene neben dem Historischen Rathaus die Ausgrabung des Jüdischen Viertels und seiner Mitra. Tipp: Wer gut zu Fuß ist, kann jetzt einen kleinen Stadtbummel bis zur Zeughausstraße machen und den alten Römerturm bewundern. Auf dem Weg dahin gibt es Geschäfte, Cafés und Restaurants zum Ausruhen.

Ausführliche Infos zum Römischen Köln: www.museenkoeln.de/downloads/home/via.pdf | KVB Köln Hbf. (5, 16, 18)

Kölns zwölf romanische Kirchen

Kölns zwölf Kirchen innerhalb der einstigen Stadtmauer sind Juwele und innerstädtische Ruhepoole zugleich. Und sie sind voller Histörchen. Etwa zur Frage, woher eigentlich die Kinder kommen. Storch? Quatsch! Kölner Kinder kommen aus dem Kuniberts-Pütz in der Krypta der Kirche St. Kunibert wenige Schritte vom Rhein entfernt. Der Pütz ist ein Brunnen. Und auf dem Grund passt die Gottesmutter auf die noch Ungeborenen auf, die dort unter paradiesischen Umständen spielen. Bis sie auf die Welt, pardon, in die Domstadt kommen. Kinderlosen Männern hat man früher geraten, einfach mal in den Brunnen zu gucken, weil das unglaublich fruchtbar mache.

In der Ursula-Kirche zwischen Hauptbahnhof und Hansaring wiederum entdecken Pänz tolle Reliquien-Kästchen, die Geschichte der Kölner Stadtpatronin Ursula und die Goldene Kammer. In St. Panthaleon ist Kaiserin Theofanu begraben, in St. Severin die Überreste des Heiligen Severins – seines Zeichens Stadtpatron und in Köln für das Wetter zuständig. Und in der Kirche Groß St. Martin, die neben dem Dom das Postkartenmotiv Kölns ist, ist nahe dem Taufbecken die Büste vom Karolinger König Pippin ausgestellt. Er war der Papa von Karl dem Großen.

Jede der 12 romanischen Kirchen erzählt spannende Geschichten und ist eine eigene Entdeckungstour wert.

www.romanische-kirchen-koeln.de | Anfahrt planen: www.kvb-koeln.de

Dom-Besuch

Den Dom gibt es als Kerze, auf T-Shirts, auf Puzzlen, Servietten und in echt. Schon im 12. Jahrhundert ist er ganz berühmt gewesen, denn Kölns damaliger Erzbischof Reinald von Dassel brachte die Reliquien der Heiligen drei Könige von Mailand hierher. Die Gebeine liegen heute in einem Schrein, den ein Goldschmied aus Verdun anfertigte.

Mit 157,38 Metern Höhe ist der Dom das zweitgrößte Gotteshaus Europas, gleich nach dem Dom in Münster. Er ist 144,58 Meter lang und fast 40 Meter breit. 300 000 Tonnen ist er schwer und hat seit gut 150 Jahren eine Eisenkonstruktion als Dachstuhl. Besonders schön und teils nur mit dem Fernrohr zu sehen sind die Figuren. Die nicht so gute Nachricht: Meistens ist der Bauaufzug zum Dachstuhl hin außer Betrieb. Und so müssen die Eltern mit ihren Kids 240 Stufen hoch laufen. Puh. Auch der Dom selbst organisiert Führungen zum Dach unter www.domfuehrungen-koeln.de. Und da steht wörtlich: „Teilnahme ab 16 Jahren, höhenfest und schwindelfrei". Die gute Nachricht: Extra Führungen ganz ohne Stress bietet Familien mit Kindern das DOMFORUM (▸ Seite 86).

Übrigens:
Der Schlager „Mer losse d'r Dom in Kölle" erschallt im Dom, wenn der Organist Register 35 zieht. Aufschrift: Loss Jon. Zeitgleich kommt der Narr aus der Orgel hervor. Das läuft aber nur zweimal im Jahr: beim Gottesdienst vor der Proklamation des Dreigestirns und nach der 10-Uhr-Messe am Karnevalssonntag.

Köln bei Regen

Eine Woche Dauerregen: Für viele Eltern der Super-Gau. Spätestens am zweiten Tag sind alle Spielsachen durchgespielt. Die Pänz langweilen sich, quengeln und streiten. Selbst tiefenentspannte Mamas fahren dann schon mal angenervt aus der Haut. Und Papa hat plötzlich ganz wichtige Termine.

Dabei machen selbst strömender Regen und eisige Temperaturen Pänz wenig aus: wenn sie draußen toben, spielen und die spannende nass-grau-veränderte Welt entdecken. Also Gummistiefel und Regenjacke anziehen und ab ins Abenteuer!

5+

Kölner Handels-Schiff-Rennen

Aus festem Papier, Holzrinde oder alten Schraubglasdeckeln entstehen auf dem heimischen Basteltisch echt kölsche Handels-Schiffe. Und die brauchen natürlich reiche Fracht: Gold, edle Stoffe und erlesenen Spezereien. Darum beschwert jedes Kind seinen Kahn reihum mit Gewichten wie winzigen Steinchen, Stöckchen oder Knet-Kugeln und pustet es über die Pfütze. Kentert ein Schiff, muss es zurück zum Start. Geht es unter, ist es ganz aus dem Rennen. Das erste beladene Schiff im Ziel gewinnt – sein Besitzer steigt zum Ehrenmitglied der Kölner Kaufmanns-Gilde auf.

Blätter-Regatta auf dem Pfützen-See

Bunte Herbstblätter sind besonders leicht und schwimmen toll auf großen Pfützen-Seen. Mit Puste oder einem Stock kommen sie ganz schön in Fahrt. Jedes Kind bekommt ein Regatta-Schiff alias Buchen-, Ahorn- oder Platanen-Blatt. Wer als erster damit das Ziel erreicht, gewinnt und vielleicht gibt es ja sogar einen kleinen Preis …

Regenschirm-Tanz

Trübe Regentage, fieses Schmuddel-wetter: Da muss Farbe her. Jedes Kind bekommt eine leuchtend-bunten Schirm. Dann tanzen alle damit zusammen den Regenschirm-Tanz: Schirm nach links, Schirm nach vorne Schirm nach rechts und drehen. Die Choreografie übernehmen die Pänz abwechselnd, alle anderen machen mit. **Tipp:** Im Internet gibt es für um die 6 € Regenschirme nebst Wachsmalstiften. Damit kann jedes Kind seinen eigenen Wunderschirm gestalten.

Plitsch-Platsch: Rein in den Matsch

Auf Gehwegen, Straßen und in den vielen Parks sammelt sich das Regenwasser in dicken Pfützen. Darin springen Kinder begeistert stundenlang – bis der letzte Wassertropfen verspritzt ist. Besonderen Spaß macht den Kleinen natürlich der schlammige Boden. Denn der schmatzt bei jedem Schritt und macht so herrlich tolle Spritzer auf Jacken und Gesichtern. Danach sollten Mama und Papa allerdings eine Matsch-Beseitigungs-Zone im Hausflur einrichten und je nach Außen-temperatur die kleinen Schmutzfinken direkt in die lauwarme oder heiße Wanne stecken.

Modern Art: Regenbilder

2+

Auf saugfähigem Aquarell-Papier, auf wasserabweisenden Materialien wie Kunststoff oder sogar alten T-Shirts malen alle Kinder zunächst mit Tusche, Finger- bzw. Stoff-malfarben ihre Bilder. Dann gehen alle mit ihren Kunstwerken nach draußen in den Regen. Die nassen Tropfen lassen die Farben verlaufen und zaubern so ganz tolle Effekte. Und das Ergebnis kann sich vielleicht sogar mit den Werken der ganz Großen im Museum Ludwig messen ....

Wer fängt die meisten Regentropfen?

2+

Mit Tasse, Schüssel oder Spieleimer bewaffnet ziehen die Pänz raus in den Regen. In Ihren Gefäßen fangen sie die vielen dicken Tropfen ein. Zurück im Trockenen leert jedes Kind sein Gefäß in einen Messbecher. Wer am meisten Regenwasser gesammelt hat, gewinnt. Übrigens: Mit dem Sammelwasser können hinterher alle Pänz zusammen die Balkon- oder Zimmerpflanzen gießen.

Parcours für Gummitiere

4+

Sind die Wege im Park dicht an dicht mit Pfützen überseht? Dann verwandeln sich Pänz heute in Gummi-Tiere. Dafür bekommen sie jeweils gleich zwei Paar Gummis-Stiefel: ein mal für die Füße, ein mal für die Hände. Und dann krabbeln sie auf allen Vieren von Pfütze zu Pfütze. Dabei dürfen sie den „trockenen" Boden nicht berühren. Sind die Abstände zu groß, markieren die erwachsenen Helfer mit Stöcken, Blättern oder Steinen zusätzliche Berührungs-Zonen. Der Erste im Ziel gewinnt, kleinere Pänz bekommen einen Vorsprung beim Start.

Rettet die Fische

Bunte Herbstblätter auf den Pfützen im Park sind heute mal Lachs-Schwärme oder Clownfische. Und auf die lauert das Rhein-Krokodil – gespielt von einem Erwachsenem. Doch bevor der hungrige Räuber zuschnappen kann, retten die Kinder so viele kleine Fische wie sie können. Wer macht am Ende die meiste Beute: Retter oder Raubtier?

Pfützen-Zähler

Mit Regensachen und Schirmen bewaffnet geht es ab nach draußen. Jeder zählt dabei Pfützen: vom halben See bis zum fingerhutvollem Loch. Wer am meisten findet, ist der Gewinner. Größere Pänz messen Pfützen mit Lineal oder Zollstock aus. Daheim können sie dann Länge, Breite und Tiefe mit den Messergebnissen der Anderen vergleichen oder sogar das Volumen errechnen. Welches Kriterium über den Gewinner entscheidet, legen alle vorher gemeinsam fest.

Fliegende Fische

Sind Wege und Wiesen mit dicken Pfützen bedeckt, ist die Zeit der fliegenden Fische gekommen. Bis auf den Häscher „fliegen" alle Kinder von Pfütze zu Pfütze – stillstehen verboten. Innerhalb einer Pfütze sind die fliegenden Fische sicher, auf den Wegen dazwischen kann sie der Häscher fangen. Gefangene Fische werden entweder auch zu Häschern, lösen jeweils den Häscher ab oder scheiden aus – je nach Anzahl der beteiligten Pänz.

Die Domstadt bietet kulinarische Vielfalt pur – ob Jemöszupp (Gemüsesuppe), Kölschen Kaviar (Blutwurst) oder echt italienische Pizza

Essen & Trinken

Gemütlich essen, ein Glas Wein trinken. Mit Kindern ist das ein eher seltenes Vergnügen. Denn entweder der Nachwuchs bleibt daheim oder Eltern bringen neben den Pänz sehr viel Geduld und ein dickes Fell mit ins Lokal. Anders als in Spanien oder Italien fühlen sich Gäste von lärmenden Kids schnell gestört, werfen den Eltern giftige Blicke zu oder beschweren sich lautstark: „Der Säuchling kräht!". Die Kölner Gastronomen haben Familien aber längst als zahlungsfähiges Publikum für sich entdeckt. Sie warten mit Spielecken, speziellen Kinder-Menükarten und sogar Kinderbetreuung auf. Für Pänz heißt das: Tschööö Langeweile, ab ins Vergnügen.

Restaurants & Biergärten

Kinderstühle haben die meisten Brauhäuser und Restaurants in Köln. Viele servieren den Kids auch Stifte und Papier. Und die kleine Portion Nudeln mit Tomatensoße kostet nicht viel. Für Kinderbetreuung beim Sonntagsbrunch greifen die Eltern da schon tiefer in die Tasche. Und ganz hoch im Kurs steht die Kombi Spielplatz/Biergarten.

Altenberger Hof (Nippes)

Tipp:

Das **Bürgerzentrum Nippes** im Altenberger Hof bietet auch Spielgruppen, Fitness-Kurse, Tanzgruppen und Bühnenprogramm von Gospel über Comedy bis Puppentheater.
www.buergerzentrum-nippes.de

Kinderfreundliche Bedienung, Getränk in Kindergröße mit Strohhalm, frischer Kuchen, Milchkaffee für Mama, Pommes rut wieß für die Pänz und gefülltes Fladenbrot plus ein Kölsch für Papa. Bei gutem Wetter toben die Kids im Innenhof oder im komplett umzäunten Kleinkinder-Spielplatz – bei Schmuddelwetter in der kleinen Spielecke im Restaurant. Im Sommer öffnen die Terrasse im Innenhof und der Biergarten mit Blick auf das Nippeser Tälchen.

Mauenheimer Straße 92 | www.altenberger.lokal-koeln.com |
Mo–Sa 12–23, So ab 10 Uhr (Brunch 10–14 Uhr) | KVB Neusser
Straße/Gürtel (12, 13, 15) oder Bus (121, 140, 147, 184, 186)

Hard Rock Café (Innenstadt)

Kultiges Ambiente mit Reliquien von Elvis oder Jimi Hendrix. Auf den Tisch kommen Spareribs oder der legendäre *Hard Rock Burger.* Kids bis 10 Jahre dürfen sogar von einer eigenen Karte wählen – beispielsweise *Buddy's Banging Burger mit Käse,* Makkaroni mit cremiger Käsesoße, Fischstäbchen oder klassische Pizza. Mit Wickelraum, barrierefrei.

Gürzenichstraße 8 | www.hardrock.com/cafes/cologne/de. |
So–Do 12–23, Fr/Sa 12–24 Uhr | KVB Heumarkt (1, 5, 7, 9) oder Bus (106, 132, 133)

Alte Feuerwache (Agnesviertel)

Der Betreiber ist derselbe wie der des Altenberger Hofes in Nippes – die Speisekarte entsprechend ähnlich. Auch in der Alten Feuerwache sind Kinder Haupt- statt Nebensache. Etwa einmal im Monat findet im Innenhof ein großer, beliebter Flohmarkt statt. Dann sind die Terrassenplätze hoffnungslos überfüllt – aber das ist die Ausnahme. Jeden Montag geht es ab 18 Uhr auf kulinarische Weltreise – jeweils an einen anderen Ort von Asien bis Lateinamerika.

Melchiorstraße 3 | www.feuerwache.lokal-koeln.de | tgl. 10–24 Uhr, So 10–15 Uhr Brunch | KVB Ebertplatz (12, 15, 16, 18) oder Bus (127, 140, 184)

TACOLONIA (Nippes)

Burritos mit Rinderhack, Roastbeef-Enchilada, knackige Salate oder vegetarische Fachitas. Das Restaurant gehört zu einem der vier Taco Locos in Köln. Erwachsene schlürfen hier gerne Margarita, Caipi oder Flying Kangaroo. Pänz bekommen einen Milchshake mit Mango, Kokos oder Banane und natürlich leckere Tex-Mex-Gerichte. Und für ganz kleine Gäste hat das Tacolonia sogar einen separaten Spielraum eingerichtet – mit bunten Wänden, Kinderrutsche und Kuschelkissen.

Kempener Straße 56 | www.tacolonia.com | So–Do 17–23, Fr/Sa 17–1 Uhr | Bus (147) bis Wilhelmstraße oder Bus (147) bis Nordstraße

Familienbrunch in der Brasserie Fou (Innenstadt)

Zugegeben: 45 € pro Person für den Sonntagsbrunch im Restaurant des Marriott-Hotels klingt erst mal viel. Doch Kinder bis 6 Jahre essen und trinken umsonst, Pänz von 7 bis 12 zahlen die Hälfte. Und das Parkticket für die hauseigene Tiefgarage geht ebenfalls aufs Haus. Das Beste ist je-

Wozu zu Mäkkes, wenn es selbst gemacht viel besser schmeckt

doch: Eltern können bis zu drei Stunden allein und in Ruhe schlemmen und sich unterhalten. Denn um die Pänz kümmern sich inzwischen nette, junge Betreuerinnen. Von Plätzchen oder Waffeln backen bis basteln und malen reicht der Spielspaß. Die Kleinen bringen die Ergebnisse schon mal in Begleitung nach oben zu Mama und Papa, die gerade das Thema haben: „Hach, weißt Du noch, damals …" Um schnell wieder mit den Betreuerinnen zum spannenden Spiel zurückzulaufen.

Auf dem kalt-warmen Buffet stehen neben Klassikern wie Lachs und Entenbrust auch Sushi und Austern zur Auswahl – Getränke wie Wein oder Kaffee-Spezialitäten dazu sind inklusive. Und es gibt sogar ein spezielles Kinder-Buffet mit Pommes, Pizza sowie Eis mit verschiedenen Soßen und bunten Streuseln vom separaten Eiswagen.

Johannisstraße 76–80 | www.marriott.de | So 12–15.30 Uhr (bitte reservieren) |
KVB Breslauer Platz (16, 18) oder Bus (132, 133) oder
Ebertplatz (12, 15, 16, 18) oder Bus (127, 140, 184)

Henkelmännchen in der LANXESS arena (Deutz)

Unter der Woche stehen auf der Mittagskarte: zwei Wahlgerichte von Schlemmerfilet Bordelaise bis Brechbohneneintopf, ein vegetarisches Essen, Schnitzel, Tagessuppe und Dessert. Rund 6 € kostet ein Hauptgericht. Bei schönem Wetter sitzen die Gäste auch im Biergarten. Und natürlich hat das *Henkelmännchen* (Spitzname der ehemaligen Kölnarena, heute *LANXESS arena*) wegen des geschwungenen Bogens über dem Dach) an Spiel- und Veranstaltungstagen geöffnet.

Sonntags brunchen die Großen hier für 21,50 € – Kaffee und Orangesaft inklusive. Kinder zahlen 6 € (6–10 Jahre) bzw. 12 € (11–14 Jahre). Und der Clou für Eltern: die Kinderwelt. Hier toben die Kids, während Mama und Papa entspannt genießen.

Willy-Brandt-Platz 2 | www.lanxess-arena.de | Mo–Do 11.30–14.30, Fr bis 14 Uhr,
So 10.30–14.30 Uhr Brunch (bitte reservieren) | Spieltage KEC 1,5 Std.,
Veranstaltungen 2 Std. vor Einlass | KVB Bhf. Deutz/Messe (1, 9) oder Bus (150)

Haus Müller (Südstadt)

Familientreff, Eck-Pinte, Karnevalskneipe, Restaurant, Biergarten. All das und noch viel mehr ist das *Haus Müller*. Hier geht der Chef noch persönlich zum Großmarkt. Auf die Teller kommen mediterrane Gerichte – ein bisschen Crossover, ein paar Tapas und alles sehr lecker. Pänz bekommen extra

Erst Spielen, dann Limo. Was dagegen?

Kindergerichte und im Frühsommer auch mal eine große Portion Erdbeeren. Übrigens: In unmittelbarer Nähe in der Buschgasse befindet sich ein toller Wasserspielplatz.

Achterstraße 2 | www.haus-mueller.de | Mo–Sa 17–1, Sa 13–1 Uhr, Küche bis 23 Uhr | KVB Chlodwigplatz (15, 16, 17) oder Bus (106, 132, 133, 142)

Biergarten Rathenauplatz (Quartier Latäng/Neustadt-Süd)

Von April bis September öffnet der Biergarten der Bürgerinitiative *BGR e. V.* auf dem Rathenauplatz gegenüber der Synagoge. Große genießen hier ein frisch gezapftes Hellers-Kölsch aus der benachbarten Brauerei. Kids toben sich auf den angrenzenden Spielplätzen aus. Der Wasserspielplatz ist für Kleinkinder geeignet, komplett umzäunt, schattig und vom Biergarten einsehbar. Für größere Pänz gibt es ein paar Meter weiter ein cooles Kletter-Trampolin-Element.

Rathenauplatz | www.rathenauplatz.de | Apr.–Sep. | KVB Zülpicher Platz (9, 12, 15)

Café im Kran – da lohnt sogar der Trip nach Le- verkusen

Kran - Café
Cafe mit Biergarten
Rheinstraße 91
51371 Leverkusen
Tel.: 02173 - 101 34 34

Aida (Nippes)

Zwar können Gäste auch drinnen sitzen – bekannt ist das „Aida" jedoch für seinen schönen Biergarten mit Spielbereich für Kinder. Schaukeln, Rutsche, Spielhaus finden hier auf wenigen Quadratmetern immer dankbare kleine Nutzer. Auch Familienväter sind gerne hier. Bundesligaspiele und Champions League laufen auf großer Leinwand – gegen Mindestverzehr. Viele Gerichte kommen vom Grill, darunter argentinische Rumpsteaks. Daneben gibt es Tapas wie Gambas in Knoblauchsauce, Salate und kleine Gerichte für die Kids – die Qualität insgesamt ist ganz ok. Abends läuft ab 20 Uhr schon mal live eine Latin-Jazz-Session. Und im Winter lockt das *Aida* mit einem der kleinsten, schönsten und ruhigsten Kölner Weihnachtsmärkte. Besonders die Miniaturen-Landschaften mit Watte-Schnee rechts neben dem Eingang sind ein Highlight für Pänz.

Merheimerstraße 195 (Ecke Kempener Straße) | Biergarten 16–24 Uhr |
KVB Florastraße (12, 15)

Herbrands (Ehrenfeld)

Biergarten, Public Viewing, Partys & Konzerte – die Location in Ehrenfeld ist stadtbekannt. Der Geräuschpegel ist meist hoch – ein wenig Kinderlärm fällt hier kaum zusätzlich auf. Und Familien lädt das Bistro zum Sonntagsbruch – Bastelangebot für Pänz ab 3 Jahre inklusive. Erwachsene zahlen knapp 20 €, Pänz nur die Hälfte für die Speisen vom kalt-warmen Buffet und die Getränke. Auch Waffeln zum Selberbacken sind manchmal im Angebot.

Herbrandstraße 21 | www.herbrands.de | Biergarten Mo–Fr ab 18 (bei über 20 °C ab 16 Uhr), Sa. ab 15, So ab 10 Uhr (Brunch 10–14 Uhr) | KVB Venloer Straße/Gürtel (3, 4, 13)

Interessant:

Wundern Sie sich nicht über den **Leuchtturm** nahe dem *Herbrands*. Er erinnert daran, dass hier einst die Firma *Helios* Schiffwarnanlagen baute und bis an die Nordseeküste lieferte.

Biergarten Schwimmbad (Riehl)

1902 begann die Geschichte des ersten Kölner-Land-Schwimmbads mit dem schwülstigen Namen *Rheinlust*. Heute erinnert nur noch die blaue Farbe des Büdchens an das Bad. Hier befindet sich an dieser Stelle ein Biergarten mit rund 600 Plätzen. Daneben liegt der einsehbare Spielplatz. Mama und Papa können also relaxen – Pänz solange um die Wette toben. Und danach stärken sich alle bei Wedges mit Aioli oder Chili con Carne. Kinder bekommen Fanta, Wasser oder Apfelschorle zu moderaten Preisen.

An der Schanz 2a | www.koeln-biergarten.de | Mo–Sa ab 12, So ab 11 Uhr | KVB Boltensternstraße (18)

Kran-Café (Leverkusen)

Ein Stück Donauwelle oder eine Frikadelle mit Kartoffelsalat (3,50 €). Dazu eine große Apfelschorle (2 €) und Kölsch oder Alt für Erwachsene – schließlich liegt das kleine Café hinter Kölns Stadtgrenze. Die Karte ist unspektakulär – das winzige Lokal mit Biergarten dagegen ein Hit. Der „kleine Kran" war tatsächlich früher in Betrieb. 1987 drohte der Abriss. Heute genießen in ihm Groß und Klein neben Bier und Würstchen vor allem spektakuläre Sonnenuntergänge über dem Rhein.

Rheinstraße 91 | 51379 Leverkusen Hitdorf | www.kran-cafe.de | Di–So 12–20 Uhr, Sommer manchmal bis 21.30 Uhr | Bus (233, 244) bis Parkstraße oder besser noch per Rad und mit der Rheinfähre Köln-Langel/Hitdorf (▶ Seite 81)

Cafés

Das Eis ist verschlungen, der Kakao getrunken und die Geduld am Ende. Für Eltern das Signal zum Aufbruch. Wer selber seinen Kaffee ein wenig länger genießen möchte, geht mit dem Nachwuchs besser gleich in eines der ausgewählten Lokale. Hier finden Pänz Spielecken oder toben sich draußen auf Klettergeräten und Rutschen aus. Und natürlich bieten die Cafés auch für kleine Gäste Kindergerichte, Getränke in Mini-Größe und einige sogar Gläschenkost für Babys.

Tante Astrid (Neustadt-Süd)

Spiel- und Turnkurse, Nähkurse, Mama-Café finden regelmäßig im Seminarhaus *Tante Astrid* in der Aachener Straße statt. Hier befindet sich auch das *Kindercafé* mit Spielecke. Leckere Kuchen und Torten, Quiches und frische Limonade gibt's obendrauf – auch ohne Kursbesuch. Einmal pro Monat steigt hier ein Kinderflohmarkt (▸ Seite 138).

Aachener Straße 48 | www.tante-astrid.de | Mo–Fr 9.30–18, Sa/So 14.30–18 Uhr | KVB Rudolfplatz (1, 7, 12, 15) oder Bus (136, 146)

Das Café Liebes Herz ist auch auf Eis spezialisiert, gegenüber liegt der Piraten-Spielplatz

Un dann stonn se en d'r Kaffeebud ...

Café Liebes Herz (Riehl)

Gegenüber der Kirche St. Engelbert und dem Piraten-Spielplatz in Riehl liegt das *Café Liebes Herz*. Bei schönem Wetter stehen draußen ein paar Tische. Darüber flattern große Sonnenschirme im Wind. Drinnen auf dem breiten Fensterbrett liegen für kleine Gäste Bücher und Spiele bereit und Inhaberin Mathab Karimi streut auf die Eiskugel für Pänz auch gerne eine zweite Portion bunte Streusel.

Garthestraße 21 | Mo–Fr 9–17, Sa/So 10–17 Uhr | KVB Riel/Kinderkenhaus (16)

Café Rosemarie (Klettenberg)

Kinder? Kein Problem! So lautet das Motto des Klettenberger Cafés. Pänz können hier im Spielzimmer auf weichem Teppichboden die Gleise einer Holzeisenbahn zusammenstecken oder einfach nur toben. Für Eltern steht dort ein Sofa bereit. Morgens erwartet ein großes Frühstück (11,90 €) hungrige Gäste im Café. Auf der Wochenkarte stehen herzhafte und süße Pfannkuchen, Salat oder Ciabatta. Pänz wählen von der Kinderkarte Nudeln mit Tomatensoße (4,30 €) oder einen der Mini-Pfannkuchen (4,30 €).

Hirschbergstraße 28/Honnefer Platz | www.cafe-rosemarie.de |
KVB Sülzburgstraße (18) oder Bus (131)

Liberté toujours:

Das plüschige **Café Liberté** in Köln-Mülheim hat neben selbst gebackenen Kuchen auch Spielsachen für die Pänz.

Dünnwalder Str. 5 |

Di–So 10–18 Uhr

Café Geisler (Porz-Wahn)

Bäckerei, Konditorei, Café, Bistro – und für Eltern mit Kindern sogar ein extra Familiencafé. Große Tische, Hochstühle, Spielecke mit Bauklötzchen, Malzeug und mehr versprechen tolle Unterhaltung für die Kleinsten. Besonders schön ist der Garten-Innenhof. Hier stehen eine Kletterlokomotive und eine gelbe Rutsche. Von den Tischen dicht daneben haben Eltern ihren Nachwuchs gut im Blick.

Frankfurter Straße 174 | www.baeckerei-geisler.de | Mo–Sa 6–18.30, So/Fei 8–18.30 Uhr | Bus (160, 162, 167, 185) bis Wahn Kirche

Café Baumhaus (Südstadt)

Nahe dem Chlodwigplatz liegt das Eltern-Kind-Café *Baumhaus*. Im Angebot: Frühstück, Mittagsgerichte, italienische Kaffee-Spezialitäten für Große – Kinder bekommen Nudeln mit Butter (2,50 €), diverse Gläschen, Milchschaum oder eine Kinderschorle (0,1 l für 1,20 €). Und damit sich niemand langweilt, können Pänz im Spielbereich selber in der Kinderküche kochen oder die Holzeisenbahn kreisen lassen. Kinderstühle sind vorhanden, sogar ein Schaukel-Motorrad.

Karl-Korn-Straße 18 (Eingang über Severinswall) | www.cafe-baumhaus.de | So–Fr 10–14 und 15–18 Uhr | KVB Chlodwigplatz (15, 16, 17) oder Bus (106, 132, 133, 142)

Café Klecks (Zollstock)

Holzspielzeug, Trampolin, Rutsche: Im Spielzimmer haben die Kleinen jede Menge Spaß. Im Sommer lockt die Außenterrasse Groß und Klein zum Verweilen oder Toben – je nach Alter. Auch Konzerte, Puppentheater, Kinderflohmarkt und mehr stehen auf dem Programm. Das Essen ist Bio, Kinder bekommen Extragerichte und -getränke.

Irmgardstraße 19 | Di–Fr 10–18.30, Sa ab 11, So ab 10.30 Uhr | KVB Gottesweg (12) oder Bus (131)

Agathe (Innenstadt)

Spaß für kleine Entdecker im Spielbereich: mit Bällebad und Krabbelecke. Kinderkleidung und mehr gibt's auch zum Kaufen. Große Holztische laden zum gemütlichen Beisammensein. Das große Frühstück kommt vom Buffet und kostet 16,90 €, Kinder zahlen nur 3 €. Für sie hat das *Agathe* auch eine eigene Karte: mit Nudeln & Pesto (4 €) oder Alnatura-Gläschen-Nahrung (2,50 €).

Schaafenstraße 12 | www.agathe-koeln.de | Mo–Sa 9.30–19, So 10–18 Uhr |
KVB Rudolfplatz (1, 7, 12, 15) oder Bus (136, 146)

Textilcafé (Eigelstein)

Sehr kinderfreundliches Café mit Außenterrasse direkt an der Eigelstein-torburg mitten im Agnesviertel. Das kurios verschlungene Interieur ist so attraktiv wie der italienische Kaffee und der Kakao für die Kids. Dazu ser-vieren die Betreiber ein gutes Frühstück und tagsüber kleine Snacks wie Rosmarinkartoffeln mit Dipp, Parmaschinken und vieles mehr. Von innen beobachten die kleinen und großen Gäste die Szenerie draußen durch gro-ße Fenster. Und es gibt, wie der Name schon sagt, auch Selfmade-Mode von der Stange.

Eigelstein 122 | www.textilcafe.de | Mo–Sa 8–23, So 9.30–22 Uhr |
KVB Ebertplatz (12, 15, 16, 18)

Eins der besten Cafés am Eigelstein: Textilcafé

Eisdielen

Bitte ein Eis! Schoko, Vanille, Stracciatella – am liebsten alle drei. Kinder lieben Gewohntes. Mit den Klassikern liegen Eltern also fast immer richtig. Ach ja, Erdbeere geht auch. Dabei übertreffen sich die Kölner Eiscafés in letzter Zeit immer wieder selber mit exotischen Kreationen. Erdbeer-Balsamico, Orange-Basilikum – sogar Gorgonzola, Möhren oder Parmesan finden den Weg ins Speiseeis. Und spätestens bei „Hopfen" ist auch Papa plötzlich wieder ein ganz kleiner Junge und kann gar nicht genug bekommen ...

Eis-Engel (Nippes)

Bereits seit den 1950er-Jahren ist das Eiscafé eine Nippeser Institution. An heißen Sommertagen stehen hier Pänz, Großeltern, Eltern und auch Singles Schlange für Klassiker wie Pistazien- , Kirsch-Joghurt-, Haselnuss- und natürlich Schoko- und Vanilleeis gern an. Die Eisbecher erinnern namentlich ein wenig an die Gründerjahre der Eisdiele: Eierlikör-, Schokoladen- oder Fruchtbecher. Aber sie schmecken köstlich.

Chranachstraße 22 | www.eis-engel.de | Di–So 11–21 Uhr | KVB Lohsestr. (12, 15)

San Marco (Sülz)

Kleine Schleckermäulchen wählen aus rund 35 Sorten. Schlumpfblaues Eis liebe besonders Kinder, Stracciatella mögen die meisten Gäste. Oder darf es eine Kugel Mozart – nach den gleichnamigen Kugeln - sein: eine Geschmacksexplosion aus Marzipan, Pistazie, Mandeln und Schokolade. Sitzplätze draußen hat das San Marco leider nicht, aber bei so viel Auswahl lohnt der Weg nach Sülz auf jeden Fall.

Gottesweg 147 | Mo–Sa 10–20, So ab 12 Uhr | KVB Sülzburgstraße (18) oder Bus (131)

Eiscafé Il Gelato (Bayenthal)

Das Bällchen Eis ist mit rund 1,40 € deutlich teurer als in vielen anderen Kölner Eiscafés. Dafür sind die Sorten ausgefallen und sorgen für wahre Geschmacksexplosionen am Gaumen: Chili-Schoko, Orange-Basilikum oder gar Sauerrahm-Kresse, je nach Saison. Auch Klassiker wie Schoko oder Vanille sind im Angebot – letzteres enthält natürlich echte Vanille.

Golsteinstr. 32 | www.ilgelato.de | Di–So ab 11 Uhr | KVB Schönhauser Str. (16, 18)

Ätsch, mein Eis! Fotoshooting in der Flora

Gelateria Cafeteria Süd (Neustadt-Süd)

Tapetenwechsel? Bitte nicht: Die großgemusterte Wanddekoration in weiß-braun-floraler Gelsenkirchener-Barrock-Optik sorgt für echtes 60er-Jahre-Feeling. Das Eis kommt aus eigener Herstellung, ist natürlich echt italienisch – mit modernem Einschlag. Denn Eier oder pflanzliche Fette sind tabu. Experimentieren ist dagegen erlaubt. Und so landet schon mal Eis mit Gojibeeren, Möhren oder gar Parmesan im Hörnchen.

Mainzer Straße 77 | www.gelateria-cafeteria-sued.de | Di–Fr 10–18, Sa/So 11–18 Uhr | KVB Chlodwigplatz (15, 16, 17) oder Bus (106, 132, 133, 142)

Gea Eisdiele (Altstadt-Süd)

Alles Bio und trotzdem oder gerade darum superlecker. Kinder lieben Klassiker wie Schoko oder Erdbeere. Aber auch exotische Sorten locken in der Auslage: Bergamotte, Erdbeer-Balsamico und Basilikum-Zitrone gehören sicher dazu. Minz-Zitrone erfrischt herrlich an heißen Tagen – genau wie Grüner Apfel oder Melone. Lecker!

Severinstr. 124 | Di–So 10–19 Uhr | KVB Severinstr. (3, 4, 17) oder Bus (106, 132)

Rezepte für Pänz

Weckmann zu St. Martin

Der Hefeteigmann ist in Köln an St. Martin ein echter Klassiker – überdies schmückt er in der Adventszeit die Auslagen vieler rheinischer Bäckereien. Kinder lieben das süße Gebäck besonders mit Kakao oder echter heißer Schokolade.

Zutaten (4 bzw. 8 Stück)

500 g Mehl (Typ 405)
150 ml warme Milch
100 g flüssige Butter
75 g Zucker
1 Ei (zimmerwarm)
1 Eiklar (zimmerwarm)

zusätzlich:
Rosinen
2 EL Milch
1 Eigelb
4–8 Tonpfeifen
1 Prise Salz

Zubereitung

Zutaten in eine hohe Rührschüssel geben und zunächst mit dem Mixer (Knethaken) verkneten. Anschließend auf der bemehlten Arbeitsfläche kräftig mit den Händen weiterkneten und kräftig schlagen, bis der Teig geschmeidig glänzt. Mit einem sauberen Handtuch abdecken und an einem warmen, zugluftgeschützen Ort gehen lassen. Der Teig sollte sich etwa verdoppeln.

Teig auf der bemehlten Arbeitsfläche nochmals durchkneten. Anschließend Teig 1,5–2 cm dick ausrollen und mit einer handelsüblichen Weckmannform ausstechen.

Weckmänner auf ein mit Backpapier belegtes Backblech legen. Mit Rosinen verzieren. Pfeifen eindrücken. Anschließend Milch und Eigelb miteinander verquirlen, die Hefeteigmänner damit bestreichen und nochmals abgedeckt rund eine halbe Stunde gehen lassen.

Ofen auf 180 °C (Heißluft 160 °C) vorheizen und rund 20 Min. backen.

Halve Hahn

Er steht in jedem Kölner Brauhaus auf der Fodderkaat und immer noch fallen Touristen auf das vermeintlich halbe Hähnchen herein. Stattdessen bekommt der Gast ein frisches Roggenbrötchen, Röggelchen genannt – belegt mit einer dicken Scheibe mittelaltem Gouda. Dazu, oder wie der Kölner sagt „dabei", kommt mittelscharfer Senf. Fertig.

Zutaten für 4 Portionen

2 Röggelchen (Doppelbrötchen mit mindestens 50 % Roggenmehl)
4 dicke Scheiben mittelalter Gouda
Mittelscharfer Senf
Nach Belieben Butter zum Bestreichen

Zubereitung

Brötchen aufschneiden, Käse drauflegen, Mostert (Senf) dabei – so kinderleicht ist das Rezept. Wer es wie auf unserem Bild noch optisch aufwerten möchte, schneidet den Gouda in Domfigur oder legt ihn gefächert wie einen Hahnenkamm aufs Röggelchen.

Warum dieser Hahn nicht kräht

Darum ranken sich mehrere Legenden. Die schönste ist wohl die von Wilhelm Vierkötter aus Deutz. Der soll Im April 1878 seinen Freunden im Braushaus Lölgen tatsächlich leckere Hähnchen versprochen haben. Aus Geiz entschied er aber um und bestellte die günstigen Röggelchen met Kies. Der Name *Halve Hahn* aber blieb.

Kölner Clown-Frikadellen im Brötchen

Frikadellen sind ein echter Kölscher Klassiker. Und auch Pänz lieben die Bratklopse – gerne im Brötchen mit Ketchup und Mayo. Und weil das Auge mitisst, dürfen unsere Frikas sich zusätzlich sogar als Clowns verkleiden. Na dann: Kölle Alaaf!

Zutaten für die Frikadellen

500 g Hackfleisch halb und halb
1 altbackenes Brötchen
1 mittelgroße Zwiebel
Butterschmalz oder Öl zum Braten

1 Ei
1 EL mittelscharfer Senf
1 gestrichener TL Salz

Weitere Zutaten für die Clown-Frikadellen-Brötchen

5 Brötchen
10 Salatblätter
Kirschtomaten
Schlangengurke
Schwarze Oliven
Ketchup
Senf
Mayonnaise

Zubereitung

Brötchen in warmem Wasser einweichen. Zwiebeln schälen und in feine Würfel schneiden, Hackfleisch dazu. Alle Zutaten kräftig durchkneten und abschmecken. 10 Frikadellen-Taler formen.

Die Frikadellen im heißen Butterschmalz von beiden Seiten kräftig anbraten und bei sanfter Hitze fertig garen. Abkühlen lassen.

Brötchen halbieren. Jedes dünn mit Mayonnaise, Senf und Ketchup bestreichen und ein gewaschenes und abgetrocknetes Salatblatt darauflegen. Kalte Frikadellen auf die Brötchen legen. Aus den Kirschtomaten die Clownsnasen basteln. Aus Gurkenstücken, Senf und kleinen Stücken schwarzer Olive entstehen die Augen. Zum Schluss mit Mayonnaise den Clownsmund auf die Fleischklopse spritzen.

Himmel un Ääd för Pänz

Wie sagt der bekannte Kabarettist Konrad Beikircher über Himmel un Ääd so treffend: „Jeder kennt's, keiner isst's." Dabei ist die Kombination aus Apfelmus oder -kompott, Kartoffelstampf und gebratener Flönz wirklich lecker. Nur will sie richtig zubereitet sein.

Zutaten (4 Portionen)

1 kg säuerliche Äpfel (ca. 6 Stück)
1,2 kg mehlig kochende Kartoffeln
Butter & Butterschmalz
4 mittelgroße Zwiebeln
400 g Flönz (frische Blutwurst am Ring mit Speck)

400 ml Milch
2 EL Zucker
Salz
Mehl
Muskatabrieb

Zubereitung

Äpfel fein würfeln. In einem Topf den Zucker mit etwas Butter karamellisieren. Apfelstücke zugeben und bei geringer Hitze im eigenen Saft weich dünsten. Kartoffeln schälen, in kleine Würfel schneiden und in etwas Butterschmalz kräftig anbraten. Mit der Milch ablöschen und leicht salzen. Bei geringer Hitze weich köcheln lassen. Vom Herd nehmen, durchstampfen und mit Muskat und Salz abschmecken. Zwiebeln in Ringe schneiden und in Butterschmalz bei geringer Hitze goldbraun braten. Flönz in dicke Scheiben schneiden, in Mehl wenden und von beiden Seiten in heißem Butterschmalz braten. Kartoffelstampf und Apfelkompott unterheben.

Ausflüge rund um Köln

Nervenkitzel pur: Auf den rasanten Fahrgeschäften der Freizeitparks rund um Köln kommen kleine und große Adrenalinjunkies voll auf ihre Kosten

Wo soll es hingehen? Ins gruselige *Mystery Castle* im *Phantasialand*? In das Lego-Superlative-Paradies vor dem Herrn? Oder lieber in das wahrscheinlich dekadenteste Schloss der Republik namens Drachenburg? Eine Radtour rund um den Decksteiner Weiher ist auf jeden Fall eins: viel preiswerter.

Erlebnisparks & Meeresmuseum

Trollen begegnen, Türme mit Legosteinen bauen oder im Crazy Surfer durch die Luft wirbeln: Für die Erlebnisparks und das Sea Life sollten Sie jeweils einen ganzen Tag einplanen.

Phantasialand (Brühl)

Phantasialand ist eine Art Rummelplatz XXL mit Eintrittspreisen XXL. Es liegt südlich von Köln auf halbem Weg nach Bonn. 1976 entstand es auf dem Gelände der Grube *Berggeist* als Märchenpark: mit vielen TV-Puppen wie Aschenputtel, Gulliver und Max & Moritz. Heute sind die Kids auf Bolles Riesenrad unterwegs, erleben Nervenkitzel auf der Rekord-Achterbahn *Taron,* besuchen den feuerspeienden Azteken-Tempel *Talocan* und fahren minutenlang über die neue Wildwasserbahn. Wobei sie zu Stoßzeiten dort bis zu einer Stunde am Kartenschalter anstehen. Wer noch nicht genug hat, gruselt sich im Geisterschloss *Mystery Castle* und in der hyperrasanten Geisterbahn *Colorado Adventure.* Und für ruhigere Gemüter steht nahe dem nachgebauten Brandenburger Tor ein historisches Dampfkarussell. Dazu gibt es jede Menge Live-Shows im *Fantissima-Theater,* vier Hotels und was zu Essen: Afrika- bzw. Asiafood in den Restaurants *Zambesi, Bantu, Bambu* und *Lu Chi.* Jeweils inklusive Kinderbuffet.

Tipp:
Für die Wildwasserbahnfahrt im *Phantasialand* besser **Regensachen** überziehen. Es spritzt!

Berggeiststraße 31 | 50321 Brühl | www.phantasialand.de | Kinder 4–11 Jahre 29 €, Erw. 45 € | Apr.–Juni und Sep.–Anfang Nov. tgl. 9–18, Juli/Aug. tgl. bis 20 Uhr | KVB Brühl Mitte (18) und ab dort mit dem Shuttlebus

Movie Park (Bottrop)

Auf 45 Hektar bietet der Movie Park Shows und rasante Achterbahn-Fahrgeräte nach Hollywood-Motiven. Mit derart gekonnter Animationstechnik und 4-D-Effekten wundert es nicht, dass die Anlage pro Jahr weit über eine Millionen Besucher bekommt. Im *The Lost Temple* geht es auf Expedition unter die Erde und mit dem *Star Trek* in luftige Höhen. In *Van Helsings Factory* fahren die Teilnehmer auf Vampirjagd. Die Wasserbahnanlagen wiederum haben so schillernde Namen wie *Mystery River, Bermuda Triangle* und *Ice Age Adventure.* Ein echter Schocker und nichts für kleine Kinder ist

The Walking Dead Breakout. Wer sich da ins Haus mit den vielen Gängen reintraut, bekommt es mit den Gruselgestalten der Kultserie zu tun. Und wer sich auf den Freefall-Tower wagt, saust mit 90 km/h 60 Meter in die Tiefe.

Der Park hat auch an die Kids unter 7 Jahren gedacht. Die lassen sich im Ketten-Karussell *Sea Swing* umherschaukeln oder sitzen in bebrillten Plastikhunden auf dem *Blue Skidoo,* inspiriert von der US-Vorschulkinderserie *Blue's Clous.* Sogar richtige Filme werden hier gedreht. Einer der Partner des Movie Parks ist das Filmstudio *20th Century Fox.*

Warner-Allee 1 | 46244 Bottrop | movieparkgermany.de |
Apr.–Anfang Nov. tgl. mind. 10–17, im Hochsommer bis 20 Uhr | Kinder unter 4 Jahre gratis,
4–11 Jahre 30 €, ab 12 Jahre rund 40 € (online buchen ist etwas günstiger) |
Shuttlebus (SB 16) ab Essen Hbf. oder Bottrop Hbf. bis Movie World, Bottrop

Legoland Discovery Center (Oberhausen)

Legoland ist für Kinder zwischen 3 und 10 Jahren ein Spaßparadies der Extraklasse. Rennautos aus Legosteinen bauen und auf die Piste schicken. Welcher gewinnt? Die Prinzessin mit Leuchtpistolen vor bösen Trollen und Skeletten schützen. Im 4-D-Kino Figuren an sich vorbeirauschen sehen. Und in der Lego-City-Baustelle als Bauarbeiter Türme bauen oder mit der Abrissbirne zum Einsturz bringen. Wunderbar. Legoländer gibt es übrigens außer in Oberhausen 75 Kilometer nördlich von Köln auch in Kalifornien, Malaysia und auf Schloss Neuschwanstein.

Erinnerungsfoto mit den Turtles: im Movie Park treffen Kinder ihre Filmhelden

Erwachsene dürfen ohne die Begleitung von Kinder nicht hinein. Also, wenn Sie die kleinen Steinchen so sehr lieben und keine Kinder haben: Leihen Sie sich welche aus. Eltern brauchen auch mal Zeit für sich.

Promenade 10 | 46047 Oberhausen | www.legolanddiscoverycentre.de/oberhausen | tgl. 10–17.30 Uhr | Ticket online ab 10,50 € und in Kombi mit dem Meeresmuseum Sea Life gleich nebenan günstiger | Bus (957) bis Neue Mitte

Sea Life (Oberhausen)

Erinnern Sie sich noch an Krake Paul? Das kuriose Tier aus dem *Sea Life* Oberhausen sagte 2010 alle Spiele der Deutschen Nationalmannschaft während der WM in Südafrika richtig voraus. Inklusive dem verlorenen Endspiel gegen Spanien im Finale, bei dem Abwehrspieler Carles Puyol ein Traumtor schoss und Manuel Neuer ohne Chance ließ. Die Oktopus-Nachfolger sind noch immer der Hit im *Sea Life*. Und sonst? Täglich um 13 Uhr gibt es eine Rochen-Show, um 13.30 Uhr werden die Kurzkrallenotter gefüttert und um 14.30 Uhr die Haie am Tropischen Ozeanbecken. Außerdem leben hier Piranhas, Koffer- und Feuerfische, Rochen, Zitteraale und viele mehr. Einige der tierischen Meeresbewohner sind nach Rettungsaktionen ins *Sea Life* gekommen, wo sie nun in Sicherheit sind. In dem Meeresmuseum gibt es sogar einen Unterwasser-Streichelzoo.

Zum Aquarium 1 | 46047 Oberhausen | www.visitsealife.com/oberhausen | tgl. 10–18.30 Uhr | Preisbeispiel: 1 Erw. & 1 Kind (3-6 J.) 14 € | Bus (957) bis Neue Mitte

Im Sea Life den Haien gefahrlos ganz nahe kommen

Bauernhöfe

Höfe gibt es rund um Köln so einige, vom reinen Ackerbetrieb bis hin zum Bauernhof mit Tieren und Spielgeräten. Die Produkte in den Läden können preislich mit Supermärkten nicht mithalten, doch vom Erzeuger schmeckt es ja immer noch am besten.

Tipp:
Tiere füttern, Stall ausmisten, ausreiten. In der **Kölner Jugendfarm Wilhelmshof e. V.** im Bergheimer Weg 27 sind alle Kinder willkommen, ausdrücklich auch kleine Rollstuhl-Piloten.
www.jugendfarm-wilhelmshof.de

Gutshof Bell (Marsdorf)

Der landwirtschaftliche Betrieb im Kölner Südwesten bietet je nach Jahreszeit weißen und grünen Spargel, Erdbeeren auf dem Selbstpflück-Feld und Weihnachtsbäume aus dem eigenen Forsthaus. Ansonsten gibt es im Hofladen saisonal Kirschen, Zwetschgen und Mirabellen, Radieschen, Lauch, Feldsalat und vieles mehr. Spannend für Groß und Klein.

Horbeller Straße 48 | www.beller-hof.de | Mo–Sa 8.30–18.30, So 9–14 Uhr | KVB Köln Marsdorf (7, 16)

Gut Clarenhof (Frechen)

Zum Bauernhof mit Shop, Streichelzoo und Spielplatz gehört auch eine Golfanlage inklusive Kursen. Kinder und Erwachsene kommen nach Anmeldung zur Erdbeerernte oder auch zum Kürbisschnitzen. Im Sommer steigt ein Hoffest, zur Adventszeit an den Wochenenden ein Weihnachtsmarkt.

Gut Clarenhof 1 | 50226 Frechen | www.gut-clarenhof.de | Mo–Sa 8.30–18, So 10–18 Uhr | S-Bahnhof Weiden West (S 12, S 13, S 19)

Gertrudenhof (Hürth)

Rehe füttern, Hasen beobachten, mit Strohballen spielen, Wippen und Waffeln essen. Der Gertrudenhof hat für die ganze Familie ein gutes Angebot, ist ziemlich gut besucht und der kommerziellste unter den Bauernhöfen.

Lortzingstraße | 50354 Hürth | erlebnisbauernhof-gertrudenhof.de | Mo–Sa 8–19, So 11–16 Uhr | KBV Hürth (18) oder Hürth-Hermülheim (18)

Burgen & Schlösser

Rund um Köln liegen schöne Burgen und Schlösser als große Attraktion für die Kleinen. Dann mal los, unser Liebling unter allen ist die Burg Wissem, wo unsere Tochter immer am meisten Spaß hatte. Sagt sie.

Burg Wissem (Troisdorf)

Im Herrenhaus der einstigen spätmittelalterlichen Wasserburg Wissem in Troisdorf knapp 30 Kilometer südlich von Köln ist das europaweit einzigartige Bilderbuchmuseum untergebracht. Auf dem Originalsofa von Janosch, den Plüschsitzecken und Marienkäferkissen schmökern Besucher in aberhunderten Märchenbänden: von der *Vogelscheuchenhochzeit* bis *Räuber Hotzenplotz*, von *Jacques der Schakal* bis Till Schweigers *Zweiohrküken*. Im Piratenzimmer stehen Abenteuerbände rund um ein historisches Schiffsmodell, im Turmzimmer liegen die Märchen neben der Kuschelecke.

Der Troisdorfer Händler Wilhelm Alsleben hatte der Stadt 1982 seine Sammlung historischer Märchenbilder geschenkt und damit den Grundstein für das Museum gelegt. Bald kamen über 2 000 teils 400 Jahre alte Bilder und Bände hinzu. Und 1999 brachte Janosch in der Burg sein gesamtes Lebenswerk unter.

Auch draußen rund um die Burg ist was los: Enten schwimmen im Wassergraben, Rehe und Hirsche grasen im Gehege. Besucher erleben im angeschlossenen Industriemuseum Technik. Und auf dem Sinnespfad an den Geräten geht es um optische Täuschungen und die Zentrifugalkraft. Kleinere Pänz bevorzugen den Burgspielplatz mit Wasserpumpe und Rutschen.

Lesen und spielen macht natürlich hungrig. Im Innenhof-Restaurant *Quattropassi* gibt es Crossini mit rotem Pesto, Spaghetti und knackige Salate.

Tipp:
Das Museum verkauft tolle **Plakate** von Kindermärchen wie Grüffelo, Lucky Luke und der Tigerente. Für die heutigen Kinderzimmer ...

Burgallee 1 | 53840 Troisdorf | www.troisdorf.de/bilderbuchmuseum | Di-Fr 11–17, Sa/So 10–18 Uhr | Kombi-Ticket fürs Bilderbuchmuseum und Industriemuseum Kinder 3–14 Jahre 2 €, Erw. 5 € | S-Bahnhof Troisdorf (S 12, S 13, S 19) und ab dort Bus (164) bis Ursulaplatz Troisdorf Mitte

Hier werden Kinderträume wahr: Burg Satzvey

Burg Satzvey (Mechernich)

Burg Satzvey ist eine der besterhaltenen mittelalterlichen Wasserburgen in NRW. Das Torhaus mit den Doppeltürmen entstand aber erst im 15. Jahrhundert. In der Wehranlage 50 Kilometer südwestlich von Köln steigt jeden 1. Juni der Hexenmarkt mit Gruselgestalten, Gauklern und viel Musik. Und im Juni und September duellieren sich hier die Reiter bei den Ritterfestspielen, während im Zeltlager die Schmiede arbeiten, die Händler echtes Stockbrot verkaufen und die Kinder sich im Bogenschießen messen. Burgdame Patricia Gräfin Beissel von Gymnich organisiert auch schon mal mittelalterliche Schnitzeljagden für die Kleinen (siehe Webseite). Das ganze Jahr über serviert die Burg-Bäckerei an den Wochenenden von 9 bis 11 Uhr ein Frühstücksbuffet. Und ebenfalls an den Wochenenden finden Burgführungen statt (Voranmeldung unter Tel. (01 72) 4 69 79 69).

An der Burg 3 | 53894 Mechernich | www.burgsatzvey.de | Besichtigung Kinder 4–12 Jahre 2 €, Erw. 4 € | Bahnhof Satzvey Mechernich (RB 24) und wenige Min. zu Fuß

Burg Friedestrom (Dormagen)

Zons am Rhein auf halbem Weg von Köln nach Düsseldorf (knapp 30 km) ist als Mittelalterstädtchen so gut erhalten, dass es den Spitznamen „Rothenburg des Rheinlands" erhielt. Schuld daran sind neben der schönen Windmühle, den Stadtmauer-Torbögen und dem Marktplatz vor allem die im 14. Jahrhundert errichtete, kurkölsche Wasserburg Friedestrom. Früher diente sie als Zollburg für die Rheinschiffe. Und schon seit 1935 ist sie Kulisse für die Freilichtbühne davor, auf der von Juni bis September jedes Jahr ein anderes Märchen Thema ist (www.freilichtbuehne-zons.de).

41541 Dormagen (Stadtteil Zons) | S-Bahnhof Dormagen (S 11) und dann Stadtbus nach Zons

Tipp:

Das **Rittergut Orr** in Köln-Pulheim stellt Honig aus Raps, Linde und Sommerblüte her. Verkauf ist jeden Sonntag von 10 bis 12 Uhr. www.rittergut-orr.de

Schloss Augustusburg (Brühl)

Oh, was liebte Kölns Erzbischof Clemens Augustus aus dem Hause Wittelsbach doch die überbordende Kunst des Rokokos und des Barocks! Und so ließ er in Brühl 18 Kilometer südlich des Kölner Doms Schloss Augustusburg errichten, nicht ohne daneben gleich noch das kleinere Schloss Falkenlust anzuordnen. Verbunden sind die Bauten durch den weitläufigen Schlosspark. 1768 war alles fertig, vom Prunktreppenhaus bis zur très französischen Gartenanlage. Das Ensemble gehört heute zur Liste des Weltkulturerbes der Menschheit. Hier waren schon Breschnew, Georges Pompidou und Papst Johannes Paul II. zu Gast. Heute ist die Anlage auch für weniger berühmte und vor allem kleinere Besucher attraktiv. Denn die Betreiber veranstalten Führungen zu Themen wie „Schatzsuche", „Spuk oder Wirklichkeit" und „Schlossgeheimnisse". Anmeldungen siehe Webseite:

Schloßstraße | 50321 Brühl | www.schlossbruehl.de | Di–Fr 9–12 und 13.30–16, Sa/So 10–17 Uhr | Schüler 5 €, Erw. 8 € | KVB Brühl Mitte (18)

Schloss Drachenburg (Königswinter)

Er träumte von grimmigen Wasserspeiern, von goldenen Hirschen, von Türmchen, Erkern und Zinnen. In einer Rekordzeit von zwei Jahren ließ sich der steinreiche Börsenmakler Stephan von Sarter 1884 das neogotische Schloss Drachenburg bezugsfertig machen, eine Art Schloss Neuschwanstein in Königswinter am Rhein, 40 Kilometer südlich von Köln. Und ein nostalgischer Bau ganz im Zeichen der Wilhelminischen Zeit. Doch gewohnt hat er dort nie. Und starb kinderlos. Kann ja mal vorkommen. Später, in den 1950ern, verfiel der Bau zusehends. Schließlich kaufte das Land NRW die Drachenburg samt Park für acht Millionen Mark und machte sie der Öffentlichkeit zugänglich. Heute fahren Familien mit der Nostalgie-Bahn zum Schloss hinauf (www.drachenfelsbahn.de), besuchen das Museum mit den vielen historischen Möbeln (tgl. 11–18 Uhr) und die Parkanlage. Und genießen das Schönste dort oben: den weiten Blick auf den Rhein.

Tipp:
Schloss Wahn ist etwas für große Kinder, vor allem die Marionetten, Puppen und chinesischen Schattenspielfiguren im Figurentheater-Archiv. Besuch nach Anmeldung unter Tel. (0 22 03) 60 09 20. Im benachbarten **Kulturgut Eltzhof** wiederum gibt es viel Platz zum Spielen und einen Biergarten. www.eltzhof-kulturgut.de

Ein Abstecher lohnt sich vom Schloss aus zum Reptilienzoo in der nahen Nibelungenhalle (zu Fuß 10 Minuten). Dort leben Tiere von der kleinen Gila-Krustenechse bis zur knapp neun Meter langen Anakonda.

Drachenfelsstraße 118 | 53639 Königswinter | www.schloss-drachenburg.de | Bus (66) bis Königswinter/Clemens-August-Straße

Schloss Dyck (Jüchen)

Das Wasserschloss Dyck aus dem 17. Jahrhundert liegt 50 Kilometer nordwestlich von Köln so malerisch, dass es vorübergehend als Drehort für die ARD-Schmonzette *Verbotene Liebe* diente. Die Anlage besteht aus einer Hochburg, zwei Vorburgen und einem Wirtschaftshof, verteilt auf vier Inseln. Beeindruckend ist der very british angelegte Park, zu dem inzwischen auch ein Bambusareal gehört. Anfang August ist Schloss Dyck Austragungsort der *Classic Days*. Dort drehten schon Oldstars wie Jochen Mass und Hans-Joachim Stuck ihre Runden vor der erhabenen Kulisse. Und die Besucher posieren vor den Silberpfeilen, den Ford Mustangs und den orangefarbigen Jägermeister-Rennkisten (www.classic-days.de). Ganzjährig lockt Schloss Dyck Familien jeweils um 14 Uhr mit Führungen durch Schloss und Park. Und extra für die Kids gibt es gleich neben dem Gastro-Pavillon einen Labyrinth-Spielplatz und einen Kletterpark mit Hochseilgarten.

41363 Jüchen | www.stiftung-schloss-dyck.de | Di–So 10–17, Sommer bis 18 Uhr | Kinder 7–16 Jahre 1,50 €, Erw. 9 € | Mit dem Auto über die A 57 Richtung Neuss

Tipp:
Infos und Karten zu Rad-
touren in Köln und Umge-
bung bietet:
www.regio-gruen.de

Radtouren

Es geht auch entspannter als beim Profiradrennen *Rund um Köln*. Also raus und ab aufs Rad. Natürlich sind die Parks der Domstadt für kleine Touren attraktiv. Doch ganz besonders schön sind die Radwege entlang der sogenannten Treidelpfade am Rhein. Dort zogen einst noch Pferde die Kähne den Fluss entlang, als das Dampfschiff noch nicht erfunden war.

Radrundfahrt am Decksteiner Weiher

Auf knapp sechs Kilometern geht es bei dieser kinderleichten Tour einmal um den 20 Hektar großen Decksteiner Weiher (▶ Seite 47) nahe dem Militärring. Was auch dann gut klappt, wenn die kleineren Kids mit dem Tretroller mitkommen wollen. Vom Parkplatz an der Gleueler Straße aus geht's los. Nach der kleinen Tour bieten sich zwei schöne Lokale an: das *Haus am See* mit den Ruderbooten und alternativ das *Geißbockheim* des 1. FC Köln.

Alte Liebe, schwimmendes Krokodil & Schäl Sick

Diese 30 Kilometer lange Tour lässt sich natürlich auch in Teilstrecken aufteilen. Wer sie ganz abfährt, ist mit Kindern etwa vier Stunden unterwegs (reine Fahrzeit). Die Tour führt vom Altstadtufer ab der Hohenzollernbrücke rheinaufwärts nach Süden zur Fähre in Weiß, dann geht es mit der Fähre auf die andere Rheinseite und wieder zurück nach Köln.

Auf dem Weg am Rhein entlang nach Süden geht es vorbei an dem Schokoladenmuseum und den hochmodernen Kranhäusern bis zur Rhodenkirchener Brücke. Gleich dahinter lockt das Bootshaus *Alte Liebe* die Pänz mit Pommes. Das Boot legt übrigens nicht ab. Wohl aber das „Krokodil" weiter südlich. Diese Fähre pendelt zwischen der Anlegestelle in Weiß und der Zündorfer Groov (▶ Seite 17), wo es neben Spielplätzen und Streichelzoo auch Terrassen mit Blick auf den Rhein gibt. Von dort aus geht es wieder zurück stromabwärts (diesmal auf der Schäl Sick) Richtung Norden entlang dem Porzer Rheinbogen und den großflächigen Poller Wiesen, wo vom Picknick übers Drachensteigen bis zum Fußball alles möglich ist. Weiter geht es bis zur Severinsbrücke und dort auf dem Radweg zurück zum Zentrum.

Auch Finkens Garten in Rodenkirchen (▸ Seite 13) lädt Radler zu einer Verschnaufpause ein

Wahner Heide, Wild & Waldtaverne

Die 33 Kilometer lange Tour südöstlich des Kölner Zentrums führt von der KVB-Haltestelle Thielenbruch mit seinem schönen Straßenbahnmuseum (▸ Seite 59) bis zum S-Bahnhof Wahn Porz. Sie ist die anspruchsvollste der drei Radtouren. Kinder sollten schon erfahrene Radler sein, denn bei der Fahrt durch den Königsforst und durch Wahn geht es hügelig und teils auf nicht asphaltierten Wegen voran. Auf dem Weg durch Wald und Heide gibt es gleich mehrere Highlights: Das Infozentrum Wahner Heide im Fachwerkhausstil informiert über Naturschätze und Tiere wie Schmetterling und Molche (So/Fei 10–17 Uhr). Das Restaurant *Forsthaus Telegraph* verwöhnt mitten im Wald mit Köstlichkeiten wie Wildschweinpastete, Jakobsmuscheln und Rumpsteak aus Uruguay. Und das spätbarocke Schloss Wahn kurz vorm Ende der Radtour regt zum Träumen an.

www.forsthaus-telegraph.de |
www.schloss-wahn.com |
www.stadt-koeln.de/leben-in-koeln/freizeit-
natur-sport/ferien-freizeit/mit-dem-rad-
durch-den-koenigsforst-und-die-wahner-
heide

Tapas-Tipp:
Der Bahnhof von Porz-Königsforst war als Ausflugsziel schon zu Kaiser Wilhelms Zeiten beliebt. Heute bietet das **Restaurant Asado** darin Di–So ab 17 Uhr andalusische Tapas wie Patatas Bravas, Gambas und Albóndigas an. www.restaurant-asado.de

Praktische Tipps

Köln ist ein Shoppingparadies. Die Auswahl in den Läden reicht von Kinderkleidung über Bastelbedarf bis zu Fanartikeln der WDR-Maus und des FC-Geißbocks

Nach der Nacht im Hotel in aller Ruhe brunchen, während junge Betreuer mit den Kids basteln – das entspannt. Dann wieder raus und bei Wind am besten den *Pattevugel* (Papiervogel) besuchen. Der hat die trendigsten Drachen. Sollte mal der Teddy zum Arzt müssen: Wir haben hier sogar eine Puppenklinik. Und wenn die Kids so gerne Shoppen gehen wie Mama, haben wir da einen ganz besonderen Laden: die *Bärendreck-Apotheke*. Da gibt es alle Laktritz-Varianten.

Unterwegs mit Kind in Köln

Das Streckennetz der Kölner Verkehrsbetriebe (KVB) ist gut. Einen Kindersitz fürs Mietauto gibt es bei jedem Anbieter gegen Aufpreis dazu. Im Zentrum mit dem Rad samt Anhänger oder Kindersitz zu fahren, ist dagegen auf manchen Strecken wie den Kölner Ringen eher ein Wagnis. Hier unsere Tipps zur Mobilität in der Domstadt.

Stadtbahn KVB

Das Kölner Netz der Verkehrsbetriebe (KVB) ist mit 194,8 Kilometern Länge weit verzweigt. Etwas teuer sind die Tickets. Erwachsene zahlen bei Preisstufe 1b mit Fahrt durch ganz Köln 2,80 € (Kurzstrecke von vier Haltestellen 1,90 €), Kinder ab 6 Jahren zahlen 1,60 € (Kurzstrecke 1 €), bis 5 Jahre fahren die Kids durchweg gratis. Und: Wer mit dem Handy das Ticket kauft, bekommt rund 3 Prozent Rabatt. Und auch das Viererticket ist etwas günstiger.

Die KVB arbeitet an ihrem positiven Image. Das muss sie auch. Da hat der Bau der Nord-Süd-Bahn-Linie fast eine Kirche und gänzlich das Stadtarchiv zum Einsturz gebracht. Düsseldorfer Ingenieure eilten zur Hilfe. Und der Klau von Eisenverankerungen ausgerechnet am Karnevalswochenende 2010 war auch ein Lacher für sich. Dabei arbeiten die Angestellten durchaus effektiv. Und Verspätungen gibt es auch nicht viel mehr als in Paris oder Madrid.

Mit Kleinkindern die KVB nutzen bedeutet: Es gibt an unterirdischen Haltestellen fast überall Aufzüge. Am zentralen Friesenplatz allerdings nicht. Die täglich rund 45 000 Fahrgäste warten dort noch immer auf die 4 Millionen Euro teuren Lifte. Rolltreppen gibt es überall an den U-Bahn-Stationen. Sie sind aber nur für schmale Kinderwagen geeignet. Eltern nutzen sie auf eigene Gefahr. Passiert ein Unfall, haftet die KVB nicht. Wegen der sogenannten und für die Domstadt gültigen „Euronorm 115 für Fahrtreppen". Ein Bußgeld oder ähnliches riskiert aber niemand.

Tipp:

Bei der **KVB-Online** gibt es aktuelle Auskünfte, Apps, Mini-Fahrpläne zum Ausdrucken und auch Infos, wo gerade Gleisbauarbeiten den Verkehr behindern.
www.kvb-koeln.de

Bus

Strom statt Diesel. Das ist die Idee gegen zu hohen Feinstaub und Stickoxide. Kölns Busse sind deshalb teils schon als moderne Elektro-Gelenkwagen unterwegs, so etwa die umweltschonende Linie 133. Sie ist mit ihren 1,5 Tonnen schweren Batterien nahezu geräuschlos. Die 133er-Strecke verläuft vom Breslauer Platz am Hauptbahnhof vorbei am Schokoladenmuseum und dem Chlodwigplatz bis zum südlichen Viertel Zollstock und zurück.

Tipp:

Mit der **Kölncard** fahren Besucher der Domstadt umsonst mit Bus und Bahn und haben Zugang zu Museen und anderen Sehenswürdigkeiten. Die Preise für Einzel- und Gruppenkarten stehen auf www.koelntourismus.de/willkommen/koelncard.html. Dort bekommt man sie auch direkt und kann sie ausdrucken.

Die Fahrten in den Bussen der Domstadt ähneln vom Preis her denen der Stadtbahnen. Vor allem außerhalb des Zentrums sind Busse gefragt, sowie als Zubringer zum Flughafen.

Das gesamte Netz lässt sich als PDF runterladen unter:

www.kvb-koeln.de/german/fahrplan/linienplan.html

Ein Verkehrsmittel der etwas anderen Art: die Kleinbahn im Rheinpark

Mit dem Auto oder Leihwagen

Das Auto sollte niemand einfach so abstellen: Abschleppgefahr! Im Zentrum der Domstadt sind die Parkplätze teuer und rar. Ein Parkhausplatz kostet rund 2 € die Stunde. Besonders attraktiv ist wegen der Lage und der Aussicht das zentrale Parkhausdach von Galeria Kaufhof (▸ Seite 74) an der Kirche Sankt Agatha. Wer als Familie einen Wagen ausleiht, sollte direkt bei der Bestellung gegen einen kleinen Aufpreis von rund 12 € einen Kindersitz beantragen. Am schnellsten operieren die Vermieter am Flughafen und am Kölner Hauptbahnhof. Kölner ohne Autos wiederum haben mit Autoanbietern wie Flinkster (Deutsche Bahn) eine preisgünstige Alternative zum eigenen Wagen.

www.flinkster.de

Fahrrad

Köln hat sein rund 8 000 Kilometer langes Radverkehrsnetz im Zentrum und in der Umgebung in den letzten Jahren verbessert und Schilder weisen den Weg, darunter auch durch so fahrradfreundliche Viertel wie Ehrenfeld und zu den Badeseen. Räder verleiht die Radstation.

www.radstationkoeln.de.

Immer beliebter ist auch der KVB-Radverleih. Die Leihkosten liegen bei rund 1 € pro Stunde, für VRS-Kunden sind die ersten 30 Minuten gratis. Das Rad bekommt man via Bordcomputer, nextbike-App oder über die Hotline.

Tel. (0 30) 69 20 50 46 | www.kvb-rad.de/de/koeln

Zu Fuß

Isch möööch zo Fooß noh Kölle gon. Das sang der Karnevalist Willy Ostermann schon 1936, und das sangen ihm später die *Bläck Fööss* nach. Und wer war in Köln am liebsten zu Fuß unterwegs? Heinrich Böll. Wie er spazieren die meisten an der Kölner Rheinpromenade entlang. Am Wochenende im Sommer wird es dort rund um den Dom rappelvoll. Die Alternative dazu und die Ruhe selbst sind die Spazierwege durch Finkens Garten (▸ Seite 13).

Kinderfreundliche Unterkünfte

Hotels, Hostels und Campingplätze mit eigenem Wickeltisch und Mikrowelle für Brei und Milch. Das sind die Trümpfe für Familientrips, auch in die Domstadt. Hier eine Auswahl an Unterkünften in verschiedenen Preisklassen.

Tipp:
Für Selbstversorger eignen sich **Ferienwohnungen.** Die gibt es beispielsweise unter www.köln-ferienwohnung.de sowie unter www.airbnb.de. Klasse sind auch die Apartments ab 50 € im sogenannten **statthaus** in der Steinfelder Gasse nahe der Haltestelle Christopher Straße. www.statthaus.de

● Campingplätze
Waldbad Camping (Dünnwald)

Schöner Campen geht in Köln kaum. Der Campingplatz Waldbad ist die Ruhe selbst. Und bietet Familien erstaunlich viel: Gleich um die Ecke ist ein Waldbad, ein sehr großes Tiergehege, ein Minigolf-Platz, ein Boule-Platz und ein ziemlich kinderfreundliches Restaurant. Praktisch außerdem: der Mutter-Kind-Bereich mit Wickeltisch sowie die frisch restaurierte Küche mit Cerankochfeldern und Mikrowelle.

Peter-Baum-Weg 20 | Tel. (02 21) 60 33 15 | www.waldbad-camping.de | Kinder 3–17 Jahre 5 €, Erw. 8 €, Wohnwagen 8 € | Bus (154) bis Wildpark

Campingplatz Berger (Rodenkirchen)

Der Campingplatz Berger in Rodenkirchen ist sagenhafte 60 000 Quadratmeter groß und hat 250 Stellplätze. Vom Platz am Rhein aus sind es sieben Kilometer bis ins Zentrum. Zum Service gehören ein Supermarkt, ein großer Spielplatz, Wasch- und Kochmöglichkeiten sowie Fahrradverleih und Bootsanlegestelle.

Uferstraße 71 | Tel. (02 21) 9 35 52–40 | www.camping-berger-koeln.de | Kinder 3 €, Erw. 8 €, Stellplatz 8 €, Zelt 3 € | Bus (135) bis Uferstraße

● Jugendherbergen
Jugendherberge (Deutz)

Top-Herberge in Köln direkt gegenüber dem Bahnhof Deutz. Mit 157 Ein- bis Sechs-Bett-Zimmern sowie acht Familienzimmern. Es gibt ein Bistro, eine Disco und gute Waschmaschinen. Und mit Kinderwagen ist das Übernachten hier auch ganz einfach. Denn die Anlage hat Aufzüge und ist weitgehend barrierefrei.

Siegesstraße 5 | Tel. (02 21) 81 47 11 | www.koeln-deutz.jugendherberge.de |
Familienzimmer ab rund 35 € | KVB Köln Messe/Deutz (S 6, S 12, S 19)

Jugendherberge (Riehl)

Familien sind im City-Hostel Köln-Riehl laut Webseite besonders willkommen. Tatsächlich sind Kinderbett und Hochstuhl Standard, Gesellschaftsspiele ausleihbar und Frisbee spielen auf den Rheinwiesen natürlich gratis. Die Familienzimmer haben alle ein eigenes Bad. Vom Haus aus lassen sich auch wunderbar Radtouren machen. Buffets gibt es den Tag über und auch einen Grillplatz.

An der Schanz 14 | Tel. (02 21) 97 65 13-0 | www.koeln-riehl.jugendherberge.de |
Familienzimmer ab rund 38 € | KVB Boltensternstraße (18)

● Hotels
Gästehaus St. Georg (Südstadt)

Klösterlich wohnen im schlichten Ambiente. Das hat auch für die Kleinen was. Vorteil auch: Das Pfadfinder-Gästehaus liegt ganz in der Nähe des zentralen Chlodwigplatzes.

Rolandstraße 51 | www.dpsg-koeln.de/gaestehaus-st-georg | DZ ab 63 € |
KVB Chlodwigplatz (15, 16, 17)

Motel One (Altstadt-Süd)

Die Motel One-Kette bietet Komfort für wenig Geld. Das Geniale für Kids: Bis 12 Jahre übernachten sie kostenlos mit im Zimmer. Bis 6 Jahre ist sogar das Frühstück gratis. Eine Dependance der Unterkunft im Severinsviertel gibt es im Mediapark.

Tel-Aviv-Straße 6 | Tel. (02 21) 27 25 95-0 | www.motel-one.com/de/hotels/koeln/koeln-
waidmarkt | DZ rund 69 € | KVB Severinstraße (3, 4, 16, 17)

Hostel Köln (Innenstadt)

Heißt Hostel, hat aber Hotel-Komfort und liegt zentral östlich des Rudolfplatzes. Junges Team, ruhige Lage, günstige Familienzimmer. Auch mit Kinderwagen für Zwillinge kommt man gut durch.

Marsilstein 29 | Tel. (02 21) 99 87 70 | www.hostel.ag | Familienzimmer ab 90 € |
KVB Rudolfplatz (1, 7, 12, 15)

Pänz-
freundlich:
Das Cologne
Marriott

Cologne Marriott Hotel (Altstadt-Nord)

Geräumiges, hochmodernes Hotel mitten im Zentrum wenige Schritte vom Hauptbahnhof entfernt. Familien buchen am besten gleich kostenlos Kinderbetten dazu. Klasse ist der Familienbrunch am Sonntag von 12.30 bis 15.30 Uhr. Während die Eltern in Ruhe frühstücken, bekommen die Kids ein Kinderbuffet und Kleine bis 6 Jahre eine super Kinderbetreuung mit Bastelspaß. Am besten vorher reservieren.

Johannisstraße 76–80 | Tel. (02 21) 94 22 20 | www.marriott.de/hotels/travel/cgnmc-cologne-marriott-hotel | DZ ab rund 155 € | KVB Breslauer Platz (16, 18)

Hyatt (Deutz)

Die Luxus-Unterkunft auf der anderen Rheinseite mit Blick auf den Dom ist eher etwas für wohlhabende Eltern. Und wenige Schritte vom Aussichtsturm *Köln-Triangle* (▶ Seite 74) entfernt. Das Hyatt-Hotel hat sich auf die Wünsche von Familien ganz gut eingestellt. Kinderbettwäsche und Windeln stehen bereit, Kindersitze und Buggys lassen sich beim Concierge ausleihen und wer eine Radtour mit Kindersitz plant: Die Rezeption organisiert das ebenfalls. Auch für den Hund ist gesorgt: Es gibt den „Very Important Dog-Service". Will heißen: Hundebett und Napf stehen bereit und auf Wunsch kommt der Dog-Sitter vorbei. Zum Hotel gehört das Restaurant *Glashaus*, ein guter Biergarten und die Bar *Schälsick*.

Kennedy Ufer 2a | Tel. (02 21) 8 28 12 34 | https://cologne.regency.hyatt.com | Zimmer ab rund 170 €, aber es gibt einen Frühbucherrabatt | S Bahnhof Köln Deutz (S 6, S 11)

Läden für Kinder

Klamotten kaufen: langweilig! Lieber Lakritz naschen in einer fast echten Apotheke oder Luftballons aufblasen nach einem Besuch bei *Balloni*. Oder wie wäre es mit einer echten WDR-Maus als Andenken oder einem tollen Pattevogel? Und wenn es doch was zum Anziehen sein soll, dann lieber eines von hunderten Kostümen für Karneval, Oktoberfest oder Mottoparty.

Tipp:

Tolle echt kölsche Mitbringsel gibt es im Shop des berühmten **Hänneschen-Theaters** am Eisenmarkt (www.haenneschen.de). Und nach einem Besuch im **Schokoladenmuseum** können kleine Schleckermäulchen hier braunes Gold als Hohlfiguren oder Pralinen erwerben.

Labbé Laden

Kreatives Werkeln für Pänz und Große von 1 bis 99 Jahren. Vorgestanzte Bastelbögen für Laternen, Lampions, Windlichter, Wickeltiere, Pappschafe zum Umwickeln, Malbögen ohne schwarze Konturen für die Kleinsten: Jahrzehnte hatte einer der schönsten Läden der Domstadt in der Albertusstraße 13 seinen Shop. Im Dezember 2016 war dann aber Schluss.

Die gute Nachricht: Der Online-Shop besteht weiter. Und dort gibt es viel mehr als Basteldrachen, zum Beispiel auch Anleitungen, wie man eine Ethno-Waldtier-Maske baut.

www.shop.labbee.de

Bärendreck-Apotheke (Innenstadt)

„Bärendreck" war früher ein gebräuchlicher Name für Lakritz. Kaufen konnte ihn die Kundschaft nur in Apotheken. So entstand der Name für Kölns bekanntes Spezialitätengeschäft. Über 600 Sorten Lakritz – von süß bis salzig, von schwarz bis bunt – warten hier auf kleine Schleckermäulchen. Und sogar Tabak, Parfüm oder Zahnpasta mit Extrakten der Süßholzwurzel verkauft der Laden. Er liegt ganz in der Nähe des Rudolfplatzes.

Richard-Wagner-Straße 1 | www.baerendreck-apotheke.de | Di–Fr 12–18.30, Sa 12–16.30 Uhr | KVB Rudolfplatz (1, 7, 12, 15) oder Bus (136, 146)

Denn in Köln kütt auch der Regen, wie er kütt …

Balloni (Ehrenfeld)

Luftballons in diversen Formen und Farben, Geschenke in Ballons verpackt, Flugkarten und Himmelsherzen, dazu jede Menge Dekoartikel, Partyzubehör, Geschenke u. v. m. In der alten Fabrikhalle in Ehrenfeld locken rund 600 Quadratmeter Einkaufsparadies Pänz und Große zum Stöbern und Shoppen. Seit über 20 Jahren ist *Balloni* eine feste Institution im Kölner Westen. Zum Unternehmen gehören auch drei Veranstaltungshallen – falls der Kindergeburtstag doch mal größer ausfallen sollte. Artikel gibt es auch online im Shop (www.balloni.de).

Ehrenfeldgürtel 88-94 | www.balloni.de | Mo–Fr 9.30–19 Uhr |
KVB Venloer Straße/Gürtel (3, 4, 13) oder S-Bahnhof Ehrenfeld (S 12, S 13)

Dufthaus 4711 (Innenstadt)

Jede volle Stunde erklingt das Glockenspiel mit dem Treuen Husaren und der Marseillaise an Kölns berühmtem Haus in der Glockengasse. Die Hausnummer haben ihm die Franzosen gegeben: 4711 (der Kölner Dom hat die

Nummer 4). Drinnen im Erdgeschoss sprudelt ein vergoldeter Brunnen mit Duftwasser, der Shop bietet die neuesten 4711-Kreationen als Mitbringsel oder für das eigene feine Näschen. Nicht-Kölner bestellen einfach online.

Glockengasse 4 | www.4711.com, www.shop.4711.com | Mo–Fr 9.30–18.30, Sa 9.30–18 Uhr | KVB Appellhofplatz (3, 4, 5, 16, 18)

Pattevugel (Sülz)

„Pattevugel" ist das kölsche Wort für Papiervogel und steht für bunte Drachen. Die sind zwar heute überwiegend aus Hightech-Materialien gefertigt, fliegen dafür aber besser als die historischen Varianten aus Holz und buntem Papier. Im Laden gibt es auch Wurfgleiter, Bälle, Frisbees, Werkzeuge und vieles mehr.

Zülpicher Straße 314 | www.pattevugel.de | Mo–Fr 10–18.30, Sa 10–15 Uhr | KVB Zülpicher Platz (9, 12, 15)

Maus & Co. (Innenstadt)

Hier dreht sich alles um die WDR-Maus und ihre Freunde. Plüschtiere, Holzspielzeug, Shirts, Schreibwaren, Spiele zu den beliebten Kinder-Serien Maus, Maulwurf, Der kleine Eisbär oder Shaun das Schaf. Darunter findet sich sicher das perfekte Andenken an die Domstadt. Vielleicht ein kleiner blauer Elefant oder die berühmte orange-braune Maus?

WDR Arkaden | Breite Straße 6–26 | www.wdrshop.de/maus-co | Mo–Fr 10–19, Sa 10–18 Uhr | KVB Appellhofplatz (3, 4, 5, 16, 18)

Musikhaus Tonger (Altstadt-Nord)

Seit 1822 gibt es das bekannte Musikgeschäft schon. Heute residiert es nach einigen Umzügen in der Zeughausstraße nahe dem bekannten Römerturm. Hier macht Stöbern richtig Spaß: Von der Geige bis zur Tuba, von Orffschen Instrumenten bis zur Mundharmonika – bei Tonger können Kinder und Erwachsene alle Instrumente unter fachkundiger Anleitung für sich entdecken. Die Verkäufer sind allesamt auch Freizeit-Musiker und geben gerne Tipps. Auch Noten, CDs, DVDs und Geschenkartikel wie beispielsweise ein Kontrabass als Christbaum-Anhänger führt das Traditionshaus.

Zeughausstraße 24 | www.musik-tonger.de | Mo–Fr 10–19, Sa 10–18 Uhr |
KVB Appellhofplatz (3, 4, 5, 16, 18)

Puppenklinik Joyce Merlet (Altstadt-Nord)

Puppenstuben, Puppen, Miniatur-Geschirr, Handpuppen und Kölner Souvenirs lassen Kinderherzen höher schlagen. Doch das wahre Highlight des Ladens neben dem Farina-Haus ist das Hinterzimmer. Hier reparieren und rekonstruieren Inhaberin Joyce Merlet und ihre Mitarbeiterinnen liebevoll Puppen und Teddys – oft sogar echte Raritäten aus Omas, ja sogar Uromas Kindheit. Aber natürlich retten sie auch das aktuelle Lieblingsspielzeug, wenn ein Auge fehlt oder das Ohr vom Steiff-Tier abgefallen ist.

Unter Goldschmied 3 | www.puppendoktor-koeln.de | Mo–Fr 10–19, Sa 10–20 Uhr |
KVB Rathaus (5) oder Dom/Hbf. (5, 16, 18)

FanShop am Geißbockheim (Sülz)

T-Shirts, Trikots, Sweatshirts, Jacken, ja sogar Baby-Strampler, Nuckel und Mützchen für den Nachwuchs gibt es hier. Und natürlich ist auch Hennes dabei, das berühmte Maskottchen des 1. FC Köln. Danach geht es ins Restaurant und vielleicht trainieren ja gerade die Profis und lassen sich beim Kicken beobachten (www.fc-koeln.de/fc-info/mannschaften/profis/trainingszeiten). Ein Muss für echte Fans.

Franz-Kremer-Allee 1–3 | www.fc-koeln.de/fc-info/fans/fanshops/geissbockheim |
Mo–Fr 10–18, Sa 10–14 Uhr (bei Heimspielen ggf. Abweichungen) |
KVB Klettenbergpark (18)

Deiters (Innenstadt)

Zugegeben: Viele Kostüme sind preiswert und sehen auch so aus. Und ein wenig künstlich riecht es auch. Dafür bietet Deiters aber hunderte Outfits nebst Zubehör – von Pirat bis Prinzessin. Und dies das ganze Jahr über. Ob Karneval, Halloween, Weihnachten oder Motto-Party: Hier finden Pänz und Große garantiert das passende Kostüm. Und wer nicht bis Köln reisen kann oder will, kann natürlich auch online shoppen.

Gürzenich Straße 25 | www.deiters.de | Mo–Sa 10–20 Uhr |
KVB Heumarkt (1, 5, 7, 9)

Kinder-Secondhandläden

Die Vorteile liegen auf der Hand: Gebrauchte Kleidung ist dank häufiger Wäsche schadstoffarm und schont das Portemonnaie. Und damit der Einkauf für Pänz keine Qual ist, bieten viele Läden Spiel- und Krabbelecken.

3 kleine Mäuse (Braunsfeld)

Heller, freundlicher Laden im Kölner Westen. Kinderkleidung bis Größe 164, Spielzeug, Fahrräder, Kindermöbel und vieles mehr. Ein Plus ist die Spielecke mit Kinderküche.

Maarweg 94 | www.kinder-secondhand-koeln.de | Mo–Do 10–15, Fr 12–18 Uhr | KVB Maarweg (1)

Dreikäsehoch (Sülz)

Markenkleidung bis Gr. 176, Kinderwagen & Buggys, Roller, Laufräder und Regenbekleidung. Besonderer Tipp: handgefertigte Krabbel- und Lauflernschuhe und maßgefertigte Matratzen ohne Schadstoffe.

Zülpicher Straße 316 | www.dreikaesehoch-koeln.de | Mo–Fr 9–13 und 15–18, Sa 10–14 Uhr | KVB Zülpicher Straße/Gürtel (9, 13)

Hier bietet Christiane Petri auch Wertiges als Kids Deluxe an

Der Plüsch-Hennes ist schon verkauft, aber Affe und Bär sind noch da

Lollipop (Innenstadt)

Das Lollipop-Geschäft ist eines der ältesten und größten in Köln. Auf zwei Etagen und 280 Quadratmetern nahe der Mauritiuskirche können Eltern in Ruhe Kleidung, Spielzeug, Autozubehör, Umstandsmode und mehr entdecken. Pänz krabbeln so lange in der Spielecke oder spielen dort mit dem Tischkicker. Und für die kleineren Pänz gibt es ein kunterbuntes Bällebad.

Mauritiussteinweg 98 | www.lollipop-koeln.de | Mo–Sa 10–18 Uhr |
KVB Mauritiuskirche (9) oder Neumarkt (1, 3, 4, 7, 9, 16, 18) oder Bus (136, 146)

Die Froschkönigin (Mülheim)

Auf der Schäl Sick bietet die Froschkönigin Schuhe, Babysachen, Bücher, Spiele und natürlich Kleidung (bis Gr. 152). Tipp: Hier gibt's auch Neuware wie Lederschühchen oder Stoppersocken. Und Pänz fühlen sich in der Spielecke während des Einkaufs gut aufgehoben. Die Inhaberin Ulrike Schreurs ist übrigens gelernte Tagesmutter und hat vor der Gründung ihres Shops im Jahr 2012 als Schatzmeisterin bei der Himmelfahrtsgarde Köln-Holweide gearbeitet.

Maria-Himmelfahrt-Straße 2 | www.froschkoenigin-koeln.de | Mo–Sa 10–13,
Di–Fr auch 15–18, Do 15–19 Uhr | KVB Maria-Himmelfahrt-Straße (3, 18)

Flohmärkte für Pänz

Kinderflohmärkte schießen in Köln wie Pilze aus dem Boden, finden aber oft sehr unregelmäßig oder überhaupt nur einmalig statt. Hier lohnt ein Blick in die örtlichen Anzeigenblättchen wie *Känguru* oder *Kölner.*

Kölner Jugend-Park (Mülheim)

Unter der Zoo-Brücke findet im Kölner Jugend-Park einmal im Monat (mit Ausnahmen) ein Kinderflohmarkt statt. Im Frühjahr bis Sommer stehen die Verkaufsstände draußen, in der kalten Jahreszeit drinnen. Hier können Pänz selber nach Anmeldung für nur 12 bzw. 14 € (drinnen) einen Tisch mieten und ihr altes Spielzeug, Kleidung und Kinderfahrzeuge wie Roller oder Bobbycars verkaufen. Nur Neuware und Trödel sind ausgeschlossen.

Sachsenbergstraße | www.koelner-jugendpark.eu | Bus (150, 250, 260) bis Thermalbad

Familien- & Kinderflohmarkt im Tante Astrid (Neustadt-Süd)

Eigentlich ist *Tante Astrid* (▶ Seite 102) ein Seminarhaus für Familien und Kinder. Etwa einmal pro Monat können Eltern, Großeltern und Pänz hier auf dem hauseigenen Flohmarkt auch nach Baby- und Kindersachen, Spielzeug, Büchern und vielen Dingen mehr rund um den Nachwuchs stöbern. Zur Stärkung gibt es Kaffee, Kuchen und herzhafte Snacks. Verkaufen darf hier jeder, aber bitte mit Anmeldung.

Aachener Straße 48 | www.tante-astrid.de |
KVB Rudolfplatz (1, 7, 12, 15) oder Bus (136, 146)

Tipp:
Auf allen großen, regelmäßigen **Flohmärkten** gibt es auch Kinderkleidung, Spielzeug oder Babyzubehör und Umstandskleidung. Beliebt sind der *Flohmarkt Alte Feuerwache*, *Jack in the Box* und der *Kölner Stadtflohmarkt* am Uni-Center.

Impressum

Liebe Leserinnen und Leser,
alle Angaben in diesem Stadtführer sind gewissenhaft geprüft. Trotz gründlicher Recherche unserer Autorinnen und Autoren können sich manchmal Fehler einschleichen. Wir bitten um Verständnis, dass der Verlag dafür keine Haftung übernehmen kann. Über Hinweise, Berichtigungen und Ergänzungsvorschläge freuen wir uns jederzeit.

via reise verlag
Lehderstraße 16–19
13086 Berlin
post@viareise.de
www.viareise.de

© via reise verlag Klaus Scheddel
1. Auflage, Berlin 2017
Alle Rechte vorbehalten
ISBN 978-3-945983-31-7

Text & Recherche
Silke und Tobias Büscher

Redaktion
Janina Johannsen, Natalie Hanß

Layout
Kerstin Klupsch, Annelie Krupicka

Herstellung
Annelie Krupicka,
Janina Johannsen

Umschlaggestaltung
Annelie Krupicka

Druck
Ruksaldruck, Berlin

Umschlagfoto vorn
Mädchen auf Karussell (Fotolia)

Umschlagfotos hinten (v. l. n. r.)
Eule in der Schutzstation der Gymnicher Mühle (T. Büscher), Boote an der Zündorfer Groov (S. Büscher), Karnevalsbecher (T. Büscher), Piraten-Spielplatz (T. Büscher)

Fotos
Tobias Büscher, außer:
Aqualand Köln 34; Blackfoot Hochseilgarten 41; Büscher, Silke 79, 82, 88, 99, 100, 105; Dick, Andreas 25; Fotolia 37, 43, 55, 71, 72/73, 108, 124/125; Kinderoper/Matthias Jung 65; Movie Park 112/113; Movie Park/© 2017 Viacom Overseas Holdings C.V. 115; Mülheimer Turnverein Köln (MTV-Archiv) 30/31, 50; Odysseum 56/57, 59; Olschner, Sabine 17, 46, 81, 103; RBA Köln 60; Rieger, Joachim 76; Sea Life 116; Shutterstock 94/95; Skateboard Akademie North Brigade 38; Spekking, Raimond 87; Weber, Axel 4

Register

SONNTAGS
IMMER UM 11 UHR
FÜHRUNG IM ZOO

RAUSPUTZEN UND VORBEIKOMMEN!

KÖLNER ZOO